Lichterschein & TANNENDUFT

Liebeserklärungen

an das schönste Fest des Jahres mit Briefen,
Gedichten, Geschichten, Rezepten

ERST WENN WEIHNACHTEN IM HERZEN IST, LIEGT WEIHNACHTEN AUCH IN DER LUFT.

William Turner Ellis

Allzu oft ist die Vorweihnachtszeit vollgepackt mit allen möglichen To-dos: die Suche nach den perfekten Geschenken, die Organisation des Weihnachtsessens, Plätzchenbacken, das Krippenspiel im Kindergarten – und die wichtigen Projekte im Job wollen wir auch noch vor dem Fest fertig bekommen. Da bleibt oft kaum Zeit, die besinnlichen und ruhigen Momente des Advents zu genießen. Nimm sie dir dennoch ganz bewusst und tu dir etwas Gutes!

Dieses Buch soll vor allem eines: dir Freude schenken und dich durchatmen lassen, wenn du im Adventsstress versinkst und dich nach ein paar gemütlichen Weihnachtsaugenblicken sehnst. Es ist vollgepackt mit fröhlichen, besinnlichen und überraschenden Geschichten und Gedichten, mit berührenden Briefen, leckeren Rezepten und stimmungsvollen Zitaten, die den Zauber des schönsten Fests des Jahres versprühen.

Und zum Teilen deiner ganz persönlichen Weihnachtsbotschaften findest du im Buch verteilt vier Kuverts mit Briefpapier und Postkarten sowie einen Bogen mit dekorativen Stickern –

denn geteilte Freude ist doppelte Freude!

INHALTSVERZEICHNIS

Alfons Schweiggert: Die Geschichte
vom winzigen Tannenbaum   8

Joseph von Eichendorff: Weihnachten   9

Ludwig Tieck: Weihnachtsfreuden   10

Matt Haig: Der Zauber des Schenkens   12

Christa Spilling-Nöker: Als der Barbarazweig erblühte   18

Aus einem Brief von Johann Wolfgang von Goethe
an Johann Christian Kestner   20

Rezept: Haselnussmakronen   22

Mascha Kaléko: Der Winter   25

James Krüss: Tannengeflüster   26

Dora Heldt: Weihnachten wie früher   28

Wladimir Kaminer: Das Christkind retten   30

Basteltipp: Weihnachtssterne   34

Wilhelm Busch: Der Stern   35

Rezept: Glühwein-Muffins   *36*

Alexa Hennig von Lange: Die Weihnachtsgeschwister   38

Stefan Andres: Dörfliche Moselweihnacht   43

Aus Nanettes Backbuch: Weihnachtszeit   46

Rezept: Vanillemürbchen   *47*

Marian Keyes: Das Gute an Weihnachten   48

Rezept: Heiße Gewürz-Schokolade   *56*

Rainer Maria Rilke: Advent   58

Die Legende vom Strohstern   60

Hanns Dieter Hüsch: Die Bescherung   62

Johann Heinrich Voß an Ernestine Voß   65

Zum Herausnehmen: Kuverts mit Briefbögen   *66*

Erich Kästner: Sechsundvierzig Heiligabende   68

Rezept: Limettenkipferl   72

Dörte Hansen: Mittagsstunde   74

Heinrich Heine: Altes Kaminstück   78

F. Scott Fitzgerald: Ein glückloser Weihnachtsmann   80

Karen Duve: Weihnachten mit Thomas Müller   88

Rezept: Orangen-Mohn-Plätzchen   *96*

Mascha Kaléko: Advent   98

Hoffmann von Fallersleben: Der Eislauf   100

Basteltipp: Orangenkerze   *102*

Doris Dörrie: Zimmer 645   104

Matt Haig: Die Kunst, auch in schlechten Zeiten
fröhlich zu sein   108

Joachim Meyerhoff: Maria in der Zwangsjacke   110

Rezept: Glücks-Winter-Schokolade zum Verschenken   *116*

Dora Heldt: Womit habe ich das verdient?   118

Robert Walser: Das Christkind   120

Theresa Baumgärtner: Familie   122

Rezept: Quarkstollen   *124*

Friedrich Hölderlin: Brief an die Mutter   127

Zum Herausnehmen: Kuverts mit Postkarten   *128*

Christine Nöstlinger: Diesmal: Languste oder Lachs?   130

Robert Gernhardt: Die Falle   133

Joachim Ringelnatz: Weihnachten   141

Literaturnachweis   142

Impressum   144

Zum Herausnehmen: Stickerbogen

Alfons Schweiggert

DIE GESCHICHTE VOM WINZIGEN TANNENBAUM

Es war einmal ein winziger Tannenbaum. Der war so klein wie ein Streichholz, nicht größer. Er hatte überhaupt keine Aussichten, ein Christbaum zu werden. Alle großen Leute wollten nämlich große Bäume, einen Meter fünfzig bis zwei Meter groß, und keinen zündholzkleinen Tannenbaum.

So stand nun die winzige Tanne auf dem Christbaummarkt und wartete und wartete. Der Heilige Abend kam immer näher. Alle großen Tannen um sie herum waren schon verkauft. Der Weihnachtsbaumverkäufer kehrte bereits alle abgebrochenen Zweige und Äste zusammen, um sie in den Abfalleimer zu werfen. Gerade wollte er auch den Tannenwinzling aufkehren. Da – sirr – zischte ein glühwürmchengroßes Englein vorbei, packte den kleinen Baum am Wipfel und – hui – war es mit ihm schon auf und davon.

Der funkengroße Engel flog von Haus zu Haus und blickte in die Zimmer, in denen schon überall prachtvoll aufgeputzt die großen Christbäume standen. Plötzlich flog er an einem dunklen Fenster vorbei. Als er ge-

nauer hineinblickte, sah er eine alte, kleine Frau am Tisch sitzen. Eine winzige Kerze brannte vor ihr. Dahinter stand eine winzige Krippe, geschnitzt aus Zündhölzern. Leise flog der Engel durchs Schlüsselloch ins Zimmer und stellte den streichholzgroßen Tannenbaum neben die Streichholzkrippe. Die Frau erschrak, als sie den Engel sah. Der aber sagte: „Fürchte dich nicht. Ich bringe dir nur diesen Christbaum." Dann sang er drei fröhliche Weihnachtslieder, funkte dreimal hell auf und flog durch das Schlüsselloch davon.

„So etwas", murmelte die alte Frau, „das war die größte Weihnachtsüberraschung in meinem Leben", und zärtlich strich sie dem winzigen Tannenbaum über seine winzigen Zweige.

Joseph von Eichendorff

Weihnachten

Markt und Straßen stehn verlassen,
Still erleuchtet jedes Haus,
Sinnend geh ich durch die Gassen,
Alles sieht so festlich aus.

An den Fenstern haben Frauen
Buntes Spielzeug fromm geschmückt,
Tausend Kindlein stehn und schauen,
Sind so wunderstill beglückt.

Und ich wandre aus den Mauern
Bis hinaus ins freie Feld,
Hehres Glänzen, heilges Schauern!
Wie so weit und still die Welt!

Sterne hoch die Kreise schlingen,
Aus des Schnees Einsamkeit
Steigts wie wunderbares Singen –
O du gnadenreiche Zeit!

Ludwig Tieck

Weihnachtsfreuden

Am glänzendsten aber sind die Abendstunden, in welchen diese breite Straße von vielen tausend Lichtern aus den Buden von beiden Seiten erleuchtet wird, dass fast eine Tageshelle sich verbreitet, die nur hie und da durch das Gedränge der Menschen sich scheinbar verdunkelt. Alle Stände wogen fröhlich und laut schwatzend durcheinander. Hier trägt ein bejahrter Bürgersmann sein Kind auf dem Arm und zeigt und erklärt dem laut jubelnden Knaben alle Herrlichkeiten. Eine Mutter erhebt dort die kleine Tochter, dass sie sich in der Nähe der leuchtenden Puppen, deren Hände und Gesichter von Wachs die Natur anmutig nachahmen, näher betrachten könne. Ein Kavalier führt die geschmückte Dame, der Geschäftsmann lässt sich gern von dem Getöse und Gewirr betäuben und vergisst seiner Akten, ja selbst der jüngere und ältere Bettler erfreut sich dieser öffentlichen, allen zugänglichen Maskerade und sieht ohne Neid die ausgelegten Schätze und die Freude und Lust der Kinder, von denen auch die geringsten die Hoffnung haben, dass irgendetwas für sie aus der vollen Schatzkammer in die kleine Stube getragen werde.

So wandeln denn Tausende scherzend mit Plänen zu kaufen, erzählend, lachend, schreiend den süß duftenden mannigfaltigen Zucker- und Marzipangebäcken vorüber, wo Früchte in reizender Nachahmung, Figuren aller Art, Tiere und Menschen, alles in hellen Farben strahlend, die Lüsternen anlacht.

Matt Haig

DER ZAUBER DES SCHENKENS

*E*s gibt Leute, die brauchen ziemlich lange, um herauszufinden, was auf der Erde ihre Aufgabe ist. In Nikolas' Fall dauerte es weitere vierzig Jahre.

Er war nun zweiundsechzig. Er hatte sich nicht nur einen Bart stehen lassen, wie die Wahrheitselfe ihm geraten hatte, er war auch schon sehr, sehr lange Vorsitzender des Wichtelrats.

In seiner Amtszeit hatte er Glück und Zufriedenheit zurück nach Wichtelgrund gebracht und dort fest verankert. Er hatte einen wöchentlichen Spickeltanz im Gemeindesaal eingeführt (mit singenden Tomtegubbs), jedem neugeborenen Wichtel ein Geschenk gebracht, den Turm zu einer Spielzeugwerkstatt umgebaut, die Universität für moderne Spielzeugherstellung gegründet, die Schule der Schlittenkunst erweitert, ein Bündnis zwischen Wichteln und Elfen ausgehandelt, einen Friedensvertrag mit den Trollen unterschrieben, hatte Zimtsterne, Weihnachtspunsch und die Marzipankartoffel erfunden und den Mindestlohn der Wichtel auf fünfhundert Schokoladentaler die Woche angehoben.

Und trotzdem quälte ihn das Gefühl, es wäre nicht genug. Er wusste, etwas fehlte, denn er wurde ja immer älter. Mit Ausnahme von Väterchen Toppo und wenigen anderen hörten die meisten Wichtel um die vierzig auf zu altern, und Nikolas kam sich mit der Zeit ein bisschen albern vor. Es war ihm peinlich, dass er so lange brauchte, um seine Bestimmung zu finden. Er fand es wunderschön, den Wichteln zu helfen, aber allmählich kam er zu dem Schluss, dass es Zeit war, auch den Menschen zu helfen. Ein Teil von ihm gehörte immer noch zu ihnen, auch wenn er sie in ihrer Welt zurückgelassen hatte, wo sie nur allzu oft von Verlust, Schmerz und Traurigkeit geplagt wurden. Er konnte es spüren. Manchmal lag er nachts wach und hörte im Kopf ihre Stimmen. Im Kopf spürte er die ganze Welt. Die Guten und die Schlechten. Die Bösen und die Braven.

Eines Sonntagabends im Frühling, als kein Mond am Himmel stand, holte er Blitz von der Weide und flog über den Sehr Hohen Berg.

Es gab nichts Schöneres, als auf dem Rücken eines Rentiers durch den Himmel zu

fliegen. Auch nach all den Jahren fand Nikolas – der sich inzwischen ganz und gar an den Titel Weihnachtsmann gewöhnt hatte – das magische Gefühl, durch die Lüfte zu sausen, immer noch berauschend. Blitz und er flogen weiter und weiter. Hinweg über Finnland, über den Wald, wo er seinen Vater zuletzt gesehen hatte. Und wie immer hielt er Ausschau nach ihm, auch wenn es sinnlos war. Sein Vater war vor langer Zeit gestorben, aber es war eben eine alte Angewohnheit. Sie flogen über den Süden Finnlands, über Dörfer und Städte, über den kleinen Fischerhafen in Helsinki, wo die Kutter darauf warteten, dass die Fischer mit ihnen aufs raue Meer hinausfuhren.

Nikolas hatte große Sehnsucht danach, mit einem der Seinen zu sprechen, doch er hatte den Wichteln vor langer Zeit sein Wort gegeben, dass er ihre Existenz geheim halten würde. Er wusste, dass sie recht hatten. Den Menschen konnte man das Wissen um die Wichtel und ihre Zauberkräfte immer noch nicht guten Gewissens anvertrauen. Aber das lag nur daran, dass das Leben der Menschen so schwer sein konnte.

Nikolas flog immer weiter, über das Königreich Hannover, über Holland und Frankreich hinweg. Dunkel war das Land unter ihm, nur hier und da schimmerten Lichter und die Gaslaternen, die die Städte beleuchteten. Und als er Blitz schließlich bat, nach Wichtelgrund zurückzukehren, dachte Nikolas, dass das menschliche Leben – vor allem das Leben, das er selbst gekannt hatte –, wie die Landschaft unter ihm war. Düster, mit gelegentlichen Lichtblicken.

Er flog am mondlosen Himmel in den Hohen Norden zurück, und obwohl er nie wieder unter Menschen leben würde, quälte ihn immer noch die Frage: Wie konnte er

ihr Leben besser machen? Wie konnte er die Menschen glücklicher machen?

Am nächsten Tag stellte er genau diese Frage vor dem Wichtelrat. „Wir müssen einen Weg finden, das Glück überall zu verbreiten", verkündete er.

Wodol kam etwas zu spät, einen Stapel Geschenke auf dem Arm.

„Herzlichen Glückwunsch zum Geburtstag, Väterchen Wodol!", sagte der Weihnachtsmann.

Alle stimmten ein Geburtstagslied an. Wodol setzte sich und lächelte seinen guten Freund, den Weihnachtsmann, herzlich an. Und er wünschte sich, er könnte die Zeit zurückdrehen und den Tag, als er Nikolas ins Gefängnis werfen ließ, rückgängig machen.

„Aber es sind doch alle glücklich", sagte Nusch, die längst eine erfolgreiche Journalistin war und im *Tagesschnee* das Rentier-Ressort leitete.

„Alle *hier* sind glücklich", widersprach der Weihnachtsmann. „Aber ich möchte das Glück auch jenseits des Sehr Hohen Berges verbreiten."

Alle Anwesenden schnappten nach Luft (es waren nicht sehr viele, weil zur selben Zeit unten im Gemeindesaal ein Kuchen-Wettessen stattfand).

„Jenseits des Berges?", fragte Väterchen Toppo. „Das ist viel zu gefährlich. Hier ist alles in bester Ordnung. Aber – nimm's mir nicht übel, wenn ich es so deutlich sage – sobald die Menschen von Wichtelgrund erfahren, bricht Chaos aus!"

Nikolas nickte nachdenklich und kraulte sich den Bart, der inzwischen so weiß wie Toppos Schnurrbart war. Väterchen Toppo war ein kluger Mann, und seine Einwürfe hatten immer ihre Berechtigung.

„Gewiss, Väterchen Toppo. Aber was wäre, wenn wir ihnen einfach ein kleines bisschen Zauber abgeben würden? Um ihr Leben ein wenig fröhlicher zu machen?"

„Wie denn?", fragte Wodol, während er ein Geschenk auspackte. „Oh, ein Stoffrentier!", jubelte er. „Es sieht genauso aus wie Blitz! Vielen Dank, lieber Weihnachtsmann."

„Gern geschehen", sagte der Weihnachtsmann.

Als er Wodols Freude sah, spürte er – wie so oft – den Zauber des Schenkens. Die Wahrheitselfe hatte recht gehabt. Schenken war das, worin er gut war.

Er dachte an den Tag, als er den Schlitten bekommen hatte. Und die Steckrübe, ein paar Jahre später. Obwohl ein Schlitten ein viel besseres Geschenk als eine Rübenpuppe war, war das Gefühl das gleiche gewesen.

Und am selben Abend gegen Mitternacht kam ihm endlich die Idee.

Es war die großartigste und verrückteste Idee, die er je gehabt hatte.

Äußerst aufwendig war sie auch. Sie bedeutete sehr viel Arbeit. Doch die Wichtel arbeiteten gern – solange es Spaß machte, und er würde schon dafür sorgen, dass es Spaß machte. Es *musste* Spaß machen,

denn wenn es keinen Spaß machte, dann würde alles schief gehen. Der Weihnachtsmann würde aus der Spielzeugwerkstatt im Turm die größte Spielzeugwerkstatt machen, die man sich überhaupt nur vorstellen konnte.

Außerdem brauchte er die Rentiere. Jedes einzelne davon. Blitz würde der Anführer sein, weil keiner in der Luft so gut war wie Blitz. Er war nicht nur stark und schnell, er hatte auch die nötige Entschlossenheit. Er würde niemals eine Reise unvollendet abbrechen, genau wie Nikolas nie einen Berg nur halb besteigen würde. Donner würde ihm beim Landkartenlesen helfen. Oder das neue Rentier, das Nusch in den Waldigen Hügeln zugelaufen war. Das mit der komischen roten Nase.

Und sie brauchten einen guten Schlitten. Den besten Schlitten, den es je gegeben hatte. Er würde die besten Schlittenmacher anheuern. Der Schlitten musste robust und stromlinienförmig sein und besonders leise. Nur ein Problem gab es noch. Schokolade essend ging der Weihnachtsmann im Schlafzimmer auf und ab. Er sah aus dem

Fenster über die Rentierweide hinweg, wo Blitz und die acht anderen im Dunkeln schliefen. Am Giebel des Rathauses hing die neue Rathausuhr. Seit ihm die Idee gekommen war, waren schon fünfzehn Minuten vergangen. Die Zeit verging wie im Flug.

Er musste etwas dagegen tun.

Gegen die Zeit.

Wie sollte er sonst in einer einzigen Nacht jedes Kind auf der Welt besuchen? Das war unmöglich.

Und dann fielen ihm wieder Väterchen Toppos Worte ein. *Das Unmögliche ist eine Möglichkeit, die du nur noch nicht erkannt hast.* Er blickte zum Himmel, wo ein Komet mit feurigem Schweif durch die Sterne raste, bevor er in der Nacht verglühte wie ein Traum.

„Eine Sternschnuppe", sagte er zu sich selbst und erinnerte sich an die, die er vor so vielen Jahren mit Miika gesehen hatte.

„Ich glaube an Wunder, Miika", sagte er zu dem Mäuserich, der natürlich längst nicht mehr da war. „So wie du an Käse geglaubt hast."

Wo Wunder waren, war auch ein Weg.

Und diesmal würde er den Weg finden. Er blieb die ganze Nacht wach und dachte nach, und dann hörte er auf nachzudenken und begann zu glauben. Er glaubte ganz fest, und dadurch wurde es wirklich. Nachdenken würde ihn nicht weiterbringen, weil man etwas Unmöglichem nicht mit Logik oder Vernunft beikommen konnte. Nein. Man musste daran glauben. Der Glaube war der Weg. Mit dem richtigen Zauber und dem richtigen Glauben konnte man die Zeit anhalten, Schornsteine dehnen und in einer einzigen Nacht die ganze Welt bereisen.

Und genau das würde er an Weihnachten tun. Plötzlich breitete sich ein warmes Leuchten in ihm aus. Es begann im Bauch und strömte in seinen ganzen Körper. Es war das Gefühl, das sich einstellt, wenn man herausfindet, wer man wirklich ist und wer man sein will. Wenn man seine Bestim-

mung findet. Und weil er sich gefunden hatte, hörte der Weihnachtsmann genau in diesem Augenblick auf, älter zu werden. So wie man innehält, wenn man das Ziel einer langen Reise erreicht hat, oder nachdem man die letzte Seite eines Buchs gelesen hat, wenn die Geschichte vollendet ist und für immer so bleibt. Und da wusste er – der einst ein Junge namens Weihnacht gewesen war und sich auch jetzt noch so jung fühlte wie eh und je –, da wusste der Weihnachtsmann, dass er von heute an keinen Tag älter werden würde.

Er griff nach der alten roten Mütze seines Vaters und drückte sie sich ans Gesicht. Er war sicher, dass er den Kiefernduft des alten Waldes riechen konnte, wo sein Vater jeden Tag Bäume gefällt hatte. Er setzte die Mütze auf, und in der Ferne hörte er Stimmen, die vom Rathaus herüberdrangen. Natürlich! Es war Montag. Der Tanzabend. Als er das Fenster öffnete, sah er Hunderte Wichtel, die sich fröhlich auf den Heimweg machten. In diesem Moment war er so glücklich, dass er sich weit aus dem Fenster lehnte und rief: „Fröhliche Weihnachten allerseits und gute Nacht!"

Da sahen alle zu ihm herüber und antworteten, ohne zu zögern: „Fröhliche Weihnachten!" Und alle lachten – auch der Weihnachtsmann. „Hohoho!"

Und dann machte er das Fenster zu, aß den Rest der Schokolade auf und ging ins Bett. Er schloss die Augen und dachte glücklich an den Zauber und die Wunder, die er zum nächsten Weihnachtsfest in die Welt hinaustragen würde.

Christa Spilling-Nöker

ALS DER BARBARAZWEIG ERBLÜHTE

Meine Großmutter hatte uns früher oft von dem alten Brauch erzählt: Am 4. Dezember, dem Gedenktag der Heiligen Barbara, schneidet man vom Kirschbaum, der Weihnachtsnuss, von Forsythien oder anderen blühenden Frühjahrssträuchern Zweige, und zwar wenn sie schon den ersten Frost hinter sich haben.

Seit einigen Jahren hatten wir in unserer Familie diesen alten Brauch wieder neu belebt und für den Barbaratag inzwischen sogar ein richtiges kleines Ritual entwickelt. Wenn alle Zweige, natürlich mit einem Zettel mit unseren Namen versehen, in den Vasen standen, sangen wir ein Adventslied. Anschließend las einer von uns die Legende von der Heiligen Barbara vor. Zum Abschluss gab es Großmutters geliebten Zimtkuchen und dazu heiße Schokolade mit Schlagsahne. So geschah es auch in diesem Jahr.

Von Tag zu Tag betrachteten wir nun unsere Barbarazweige mit zunehmender Neugier. Welcher würde als Erster aufblühen? Das eigentliche Geheimnis lag nämlich darin, dass, dem Glauben oder Aberglauben nach, wie immer man es auch betrachten mag, das Glück im kommenden Jahr dem hold sein würde, dessen Zweig bis zum Heiligen Abend aufblühte.

Da lag natürlich viel Spannung in der Luft. Und tatsächlich: Fast alle Zweige hatten bis zum Weihnachtsfest Blüten bekommen. Aber eben nur fast alle, denn Annas Zweig zeigte noch nicht einmal Knospen, so sorgsam sie ihn auch gehegt und gepflegt hatte. Wenn ein Zweig bis zu Weihnachten nicht aufgeblüht war, so verhieß das dem Volksglauben nach Unglück für das kommende Jahr. Anna brach in Tränen aus. Alle wussten, warum, aber keiner wagte, ein Wort darüber zu verlieren.

So vergingen die Weihnachtstage, die Silvesterfeiern böllerten durch die Luft, das neue Jahr legte sich still über das Land. Anna sprach kaum noch ein Wort. Sie hatte ihren Barbarazweig weiterhin schräg angeschnitten, täglich in frisches, lauwarmes Wasser gestellt und sah schon morgens in aller Frühe nach ihm. Im Stillen sagte sie sich immer wieder, dass es sich bei dem Orakel nur um einen alten Aber-

glauben handeln würde. Dennoch war ihr elend zumute. Doch das Wunder geschah. Am zehnten Januar zeigten sich die ersten Knospen, wenige Tage später entfalteten sie sich zu wundervollen Blüten. Entgegen ihrem Verstand klopfte ihr das Herz vor Hoffnung. Und da klingelte es. Sie rannte zur Tür – und vor ihr stand ihr Verlobter, der sich für den Einsatz der Bundeswehr in Afghanistan verpflichtet hatte. Eigentlich hätte er bereits am vierten Advent wieder zurück sein sollen. Fassungslos fiel sie ihm in die Arme. „Ich hatte so viel Angst um dich. Warum funktionierte denn das Telefon nicht mehr?" Ihr liefen die Tränen der Erleichterung über das Gesicht. Es war der Barbarazweig, dessen verspätetes Aufblühen sie ermutigt hatte, aller Verzagtheit zum Trotz, doch noch auf die Rückkehr ihres Verlobten zu hoffen.

Den Zweig jedenfalls hegt und pflegt sie weiter, bis er Wurzeln zieht. Dann will sie ihn in den Garten pflanzen.

Aus einem Brief von Johann Wolfgang von Goethe
an Johann Christian Kestner

Christtag früh. Es ist noch Nacht, lieber Kestner, ich bin aufgestanden, um bei Lichte morgens wieder zu schreiben, das mir angenehme Erinnerungen voriger Zeiten zurückruft; ich habe mir Coffee machen lassen, den Festtag zu ehren, und will euch schreiben, bis es Tag ist. Der Türmer hat sein Lied schon geblasen, ich wachte darüber auf. Gelobet seist du, Jesus Christ! Ich hab diese Zeit des Jahrs gar lieb, die Lieder, die man singt, und die Kälte, die eingefallen ist, macht mich vollends vergnügt.

ES IST SCHÖN,
DEN AUGEN DESSEN
ZU BEGEGNEN, DEN MAN
SOEBEN BESCHENKT HAT.

Jean de La Bruyère

Haselnussmakronen

FÜR CA. 35 STÜCK

3 Eiweiß
180 g Zucker
1 Prise Salz
200 g gemahlene Haselnüsse
½ TL Vanillepulver
½ TL Zimtpulver
Optional: ganze Haselnüsse

Den Backofen auf 180° (Ober-/Unterhitze) vorheizen, Backblech mit Backpapier belegen.

Eiweiße mit 80 g Zucker und dem Salz mit dem Handrührgerät steif schlagen. Haselnüsse, restlichen Zucker, Vanille und Zimt vorsichtig unterheben und alles nur kurz vermischen.

Die Masse in einen Spritzbeutel mit großer Sterntülle füllen und Tupfen (ca. 3 cm Durchmesser) mit etwas Abstand voneinander aufs Backblech setzen. Wer mag, kann jeweils noch eine Haselnuss in die Mitte der Makronen setzen. Ca. 12 bis 15 Minuten (mittlere Schiene) backen. Herausnehmen und auf einem Kuchengitter vollständig abkühlen lassen.

Mascha Kaléko

Der Winter

Die Pelzkappe voll mit schneeigen Tupfen,
behäng ich die Bäume mit hellem Kristall.
Ich bringe die Weihnacht und bringe den Schnupfen,
Sylvester und Halsweh und Karneval.
Ich komme mit Schlitten aus Nord und Nord-Ost.
– Gestatten Sie: Winter. Mit Vornamen: Frost.

James Krüss

Tannengeflüster

Wenn die ersten Fröste knistern
In dem Wald bei Bayrisch-Moos,
Geht ein Wispern und ein Flüstern
In den Tannenbäumen los,
Ein Gekicher und Gesumm
Ringsherum.

Eine Tanne lernt Gedichte,
Eine Lärche hört ihr zu.
Eine dicke, alte Fichte
Sagt verdrießlich: Gebt doch Ruh!
Kerzenlicht und Weihnachtszeit
Sind noch weit!

Vierundzwanzig lange Tage
Wird gekräuselt und gestutzt
Und das Wäldchen ohne Frage
Wunderhübsch herausgeputzt!
Wer noch fragt: Wieso? Warum?
Der ist dumm.

Was das Flüstern hier bedeutet,
Weiß man selbst im Spatzennest:
Jeder Tannenbaum bereitet
Sich nun vor aufs Weihnachtsfest.
Denn ein Weihnachtsbaum zu sein:
Das ist fein!

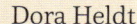

Dora Heldt

Weihnachten wie früher

Meine Schwester hat den Vorschlag gemacht, dass wir dieses Jahr Weihnachten genauso wie früher feiern sollten, mit Tannenbaum schmücken und allem Drum und Dran. So als wären wir noch Kinder, das wäre doch sicher schön, sehr gemütlich und lustig. Es sollte das gleiche Essen geben, alle würden zusammenkommen.

Ich habe sie lange angesehen und an früher gedacht. Zwei Tage vor Heiligabend wurde in der guten Stube der Tannenbaum geschmückt und anschließend die Tür verschlossen. Es gab also zwei Tage kein Fernsehen, wir verbrachten die Zeit in der Küche oder in den Kinderzimmern und wurden immer aufgeregter. Einen Tag vorher wurden in Ermangelung von Weihnachtsgeschenken die letzten hektischen Bastel- oder Malarbeiten absolviert, meine Mutter stand ununterbrochen in der Küche, briet Puter, kochte das Fleisch für die Königspasteten am ersten Weihnachtstag, fabrizierte Stollen und Torten und war irgendwann fix und fertig. Heiligabend mussten wir mittags vorschlafen, weil wir abends länger aufbleiben durften, anschließend machte sich die ganze Familie auf, um bei einem ausgedehnten Spaziergang die Küchengerüche aus der Nase zu kriegen. Egal, was für Wetterverhältnisse draußen herrschten. Anschließend gab es Kartoffelsalat mit Würstchen, danach zogen wir unsere schönsten Sachen an und warteten vor der Wohnzimmertür, bis mein Vater mit einer Messingglocke läutete. Nach zehn Minuten andächtiger Weihnachtsbaumbesichtigung und zwei gefiepten Liedern auf der Blockflöte wurden die Geschenke ausgepackt, danach gab es Puter mit Rotkohl und Klößen. Es folgte der Abwasch, meine Schwester und ich mussten abtrocknen, sollten vorsichtig mit dem guten Geschirr sein, anschließend kam die Eistorte und weil Weihnachten war

auch verbotene Getränke wie Coca-Cola auf den Tisch. Spätestens an dieser Stelle wurde meinem Bruder übel; meine Schwester hielt durch, bis sie das erste Marzipanbrot vom bunten Teller gegessen hatte. Und alles das jetzt wieder. Ich sehe meine Schwester schon mit verschwitzten Haaren in der Küche stehen, habe ihr angeboten, bei mir Fernsehen zu gucken, erinnere sie an die Vegetarier in der Familie, bin auf den Tannenbaum gespannt und hoffe, dass meinem Bruder nicht wieder so schnell übel wird. Ich stelle nur eine einzige Bedingung: Die Blockflöte bleibt im Keller.

In vorfreudiger Erwartung,
beim Aufbügeln eines roten Samtkleides und mit eingepackten,
selbst gebastelten Geschenken, grüßt

Ihre Dora Heldt

Wladimir Kaminer

DAS CHRISTKIND RETTEN

Wenn ich Zeitung lese oder fernsehe, denke ich, die Menschen haben keine Chance. Nur ein Wunder kann die Welt noch retten", meinte meine Mutter trocken. „Wunder passieren, Mama", sagte ich.

„Selig sind die, die daran glauben", lachte sie. Und dann, kurz vor Weihnachten, passierte doch ein Wunder. Ein Christkind lief uns über den Weg. Es war sehr klein und für den Winter schlecht angezogen, trug Hausschuhe, und seine dunkelblonden Locken waren nass vom Nieselregen. Laut Kalender sollte es auch erst in einer Woche auf die Welt kommen, es war also eine Frühgeburt. Das Kind zitterte, ging aber zielgerichtet durch die Dunkelheit Richtung Schönhauser Allee, wahrscheinlich, um die christliche Botschaft zu verbreiten. Wir holten es ein und riefen: „Hallo, Kind, wo willst du hin?"

„Ich gehe zu meinem Vater, er arbeitet dort", sagte das Kind und zeigte in die Dunkelheit. „Der ist bestimmt aus dem Kindergarten entlaufen", meinte meine Mutter. Bei den „Mauerblümchen" stand das Tor nämlich ständig offen.

Wir nahmen das Kind an beiden Händen und gingen mit ihm zurück. Meine Mutter hatte recht gehabt. Die Kinderbetreuungsstätte „Mauerblümchen" stand offen, und mehrere Blümchen irrten in der Dunkelheit umher, von ihren Omas und Müttern verfolgt. „Sophie, komm sofort zurück!", „Johannes, mach mich nicht traurig! Komm raus!", hörte man in der Dunkelheit. Ich suchte die Erzieherin, um das Christkind zu übergeben. Sie wunderte sich sehr. „Wo warst du denn, David?" David schwieg betreten.

„So", sagte ich, „das Christkind ist wieder im Stall, wir können nach Hause gehen."

„Und wieso das?", fragte meine Mutter mich. „Wieso im Stall?"

Nach einem kurzen Gespräch stellte ich fest, dass meine Mutter die Geschichte mit dem Christkind eigentlich nicht kannte. In einem atheistischen Land geboren und aufgewachsen hatte sie die christliche Mythologie irgendwie verpasst. Seit einem Vierteljahrhundert in Deutschland, hat meine Mutter nie nach deutscher Manier Weihnachten gefeiert. Sie hat keinen Stollen gebacken und keinen Weihnachtsmarkt besucht.

„Mama! Wir müssen das unbedingt nachholen! Lass uns zum Weihnachtsmarkt gehen, ich erkläre dir das Krippenbild", meinte ich. Der nächste Tag war ein Sonntag, der letzte Advent. Draußen hatte es 15 Grad plus, und alle Meteorologen waren sich einig, es würde in diesem Jahr keine weißen Weihnachten geben. Die Glühweinverkäufer blieben auf ihrem Punsch sitzen, die Bürger tranken lieber ein kühles Bier. Meine Mutter freute sich und sagte, sie würde gerne aus dem Hamsterrad des Alltags aussteigen. Seit Jahren besucht sie immer die gleichen Einrichtungen: Mittwochs fährt sie nach Lichtenberg Englisch lernen, freitags gehen wir zusammen schwimmen, montags

muss sie zum russischen Lebensmittelladen, Wunderfisch kaufen, und einmal im Monat geht sie ins Konzert.

Wenn die Schwiegermutter zu Besuch kommt, gehen wir mit der ganzen Familie chinesisch essen in einem kleinen stilvollen Restaurant, „Erster Vorsitzender" genannt, mit Mao-Porträts an den Wänden und gemalten chinesischen Pionieren, die unter roten Fahnen salutieren. Wir sitzen am Drehtisch, und beide Mütter vertiefen sich in die Vergangenheit, in die Zeit, als die Sowjetunion und China noch große Freunde waren und Rücken an Rücken gegen den amerikanischen Imperialismus kämpften.

„Das war vielleicht eine heiße Zeit", nickte meine Mutter einmal nachdenklich.

„Das war Kalter Krieg, Oma", bemerkte das altkluge Enkelkind, das sich in der 11. Klasse für den Leistungskurs Geschichte entschieden hatte und seitdem mit seinen neu erworbenen Kenntnissen prahlte.

„Manchmal ist die heißeste Zeit eines Lebens der Kalte Krieg", versuchte ich Sebastian aufzuklären.

Doch meine Belehrungen kamen bei ihm nicht an. In der Schule lernten sie anderes, Moderneres.

„Erzähl mir die Geschichte der Sowjetunion in Stichpunkten", bat mich Sebastian neulich. „Ich muss zu dem Thema eine PowerPoint-Präsentation machen. Ich brauche drei, vier Stichpunkte."

„Die Sowjetunion ist ein großes Land mit langer Geschichte, man kann sie nicht in Stichpunkten erzählen."

„Jede Geschichte kann man in Stichpunkten erzählen!", erwiderte mein Sohn.

Die Jugend hat immer recht. Ich beschloss also, auf dem Weihnachtsmarkt meiner Mutter die Geschichte vom Christkind in Stichpunkten zu erzählen. Dazu brauchten wir am besten ein großes Krippenbild. Zu welchem Weihnachtsmarkt sollten wir gehen?, überlegte ich. In Berlin ist die Anzahl der Märkte schier unübersichtlich geworden. Es gab Hunderte. Unter anderem einen Kunstweihnachtsmarkt, auf dem handgeschnitzte Christkinder und Kreuze verkauft wurden, einen mittelalterlichen, wo Wurst- und Getränkeverkäufer bei jedem Wetter in Sandalen herumliefen, es gab einen proletarischen mit lauter Schlagermusik und Kotzpfützen, es gab sogar einen japanischen Weihnachtsmarkt, auf dem Sushi und Sake statt Wurst und Glühwein serviert wurden. Längst waren diese Orte zu Konsummeilen geworden mit Schießstand und Riesenrad, aber mit Krippenbild? So etwas war nicht mehr zwangsläufig vorhanden.

Uns war hinter dem Alexanderplatz ein großer Skandal-Weihnachtsmarkt mit einem herausragenden Riesenrad aufgefallen, das jedes Jahr in die Schlagzeilen geriet. Anscheinend zog dieses Gerät Perverse und Selbstmörder an. Vor einigen Jahren war ein Exhibitionist darunter gestanden und hatte jedes Mal, wenn eine Kabine vorbeifuhr, seinen Mantel aufgemacht, sodass die Mädchen kreischten. In einem anderen Jahr war ein Lebensmüder von oben heruntergesprungen. Er hatte sich extra eine Kabine mit einem frisch verliebten

Pärchen ausgesucht, das ununterbrochen schmuste. Der Mann hat sie sehr freundlich angesprochen, ihnen zu ihrer Liebe gratuliert und ein langes glückliches Zusammensein gewünscht. „Für mich aber ist es Zeit zu gehen", sagte er, als die Kabine ganz oben angekommen war, stand auf und sprang aus der Gondel. Das Pärchen war eine Weile unter Schock und musste vom Weihnachtsmarktpsychiater behandelt werden.

Zu meiner Erleichterung fanden wir mit Mama auf dem Skandal-Markt das gesuchte Krippenbild. Es war in einen Wurststand integriert. Ich erzählte meiner Mutter in Stichpunkten von den drei Königen, die dem Stern hinterhergelaufen waren, von Maria und wie sie sich gewundert hatte, als sie schwanger geworden war, und von Marias Mann, der seine Vaterschaft anzweifelte. Wie sie gemeinsam beschlossen, das Kind Jesus als Gottes Sohn zu verbuchen, denn irgendwie waren wir ja alle Gottes Kinder.

Weiter wusste ich selbst nicht so genau und musste improvisieren:

Als der kleine Jesus zu predigen begann, stellten sie ihn mit dem Bettchen an die frische Luft in den Stall. Frische Luft ist für Kleinkinder sehr wichtig. Sie wussten: Gott lässt nicht zu, dass sich sein Kind erkältet. Dort im Stall hat der kleine Jesus ein unglaubliches Charisma entwickelt. Er hat die Tiere christianisiert – zuerst den Esel, dann das Schaf, die Kuh und später den ganzen Rest. „Und was haben die ganzen Würste damit zu tun?", fragte meine Mutter.

„Gar nichts", erklärte ich. „Die Würste kamen erst später dazu. Auch die Krippenbilder haben sich mit der Zeit verändert. Sie sind vom Abbild des Glaubens zum Abbild des Konsums geworden. Früher hatten die Heiligen auf den Bildern große Augen und kleine Münder. Die Augen galten als Spiegel der Seele, durch sie konnte Gott ins Innerste der Menschen blicken, der Mund war bloß für die Magenspiegelung zuständig. Doch mit der Entwicklung des Kapitalismus wurden die Münder auf den Bildern immer größer und die Augen immer kleiner."

„Siehst du, der Welt ist doch nicht mehr zu helfen", stellte meine Mutter fest.

„Der Welt vielleicht nicht, aber das Christkind haben wir doch gerettet", fügte ich hinzu.

Basteltipp: Weihnachtssterne

GANZ INDIVIDUELL UND GANZ EINFACH

Dekorative Weihnachtssterne lassen sich kinderleicht mit Papier und Schere herstellen. Dazu ein quadratisches oder kreisrundes weißes, buntes, einfarbiges oder gemustertes Stück Papier mehrfach falten und aus den Kanten nach Lust und Laune größere und kleinere Kreise und Ecken schneiden. Beim Auffalten ergeben sich jedes Mal wieder aufs Neue überraschende Formen und Effekte.

Wilhelm Busch

Der Stern

Hätt einer auch fast mehr Verstand
Als wie die drei Weisen aus Morgenland
Und ließe sich dünken, er wär wohl nie
Dem Sternlein nachgereist wie sie;
Dennoch, wenn nun das Weihnachtsfest
Seine Lichtlein wonniglich scheinen lässt,
Fällt auch auf sein verständig Gesicht,
Er mag es merken oder nicht,
Ein freundlicher Strahl
Des Wundersternes von dazumal.

Glühwein-Muffins

FÜR 12 STÜCK

170 g weiche Butter

170 g Zucker

1 Päckchen Vanillezucker

3 Eier

170 g Mehl

3 TL Backpulver

20 g Kakaopulver

120 ml Glühwein

Den Backofen auf 180° (Ober-/Unterhitze) vorheizen. 12 Papierförmchen in die Mulden einer Muffinform setzen.

Butter, Zucker und Vanillezucker mit dem Handrührgerät hellcremig rühren. Die Eier einzeln einrühren. Mehl, Backpulver und Kakaopulver mischen, abwechselnd mit dem Glühwein nach und nach in die Buttercreme rühren.

Den Teig mit einem Löffel in die Förmchen füllen und ca. 20 Minuten (mittlere Schiene) backen. Aus dem Ofen nehmen, leicht abkühlen lassen, aus der Form lösen und auf einem Kuchengitter vollständig auskühlen lassen.

Alexa Hennig von Lange

DIE WEIHNACHTSGESCHWISTER

Es war inzwischen Nachmittag. Tamara stand im Wohnzimmer am Esstisch und reichte Ingmar die kleine, in Seidenpapier eingewickelte Holzfigur aus dem Erzgebirge. Die dicke Putte mit den grünen Flügelchen. So, wie ihre Mutter sonst an Heiligabend am Esstisch gestanden und ihrem Mann das Engelchen gereicht hatte. Ihr Vater war damit zur Tanne hinübergegangen, um es an der richtigen Stelle an dem goldenen Band aufzuhängen. So, als gäbe es für das Schmücken des Weihnachtsbaumes einen genauen Plan. Als könnten sie es nur gemeinsam tun. Monika und Klaus.

Ingmar nahm die Putte mit der Mini-Harfe entgegen. Er musste unwillkürlich grinsen. So, wie er früher schon immer bei diesem Engelchen ohne Schlüpfer hatte grinsen müssen. Dann trug er es hinüber zur Tanne, die er gerade alleine aufgestellt hatte. Zum ersten Mal in seinem Leben hatte er draußen im Garten den Stamm zurechtgesägt. So wie sein Vater. Mit Ruhe und Sorgfalt. Egal, ob es an Heiligabend geregnet, geschneit oder gestürmt hatte – in Arbeitshemd und alter Jeans hatte sein Vater den Fuchsschwanz angesetzt.

Als kleiner Junge hatte Ingmar es ziemlich seltsam gefunden, dass sein Vater ihm, während er die Tanne hin- und hergedreht und den Stamm zurechtgesägt hatte, nie geantwortet hatte. So, als hätte er gar nicht gehört, dass Ingmar ihm eine Frage gestellt hatte.

Jetzt verstand Ingmar, warum das so gewesen war. Er hatte von seinem Vater lernen sollen. Nicht nur, wie man den Stamm des Weihnachtsbaumes akkurat zurechtsägte, sondern auch, wie man sich durch nichts ablenken ließ. Er hatte ihm zeigen wollen, wie man auf der Spur und aufs Ziel ausgerichtet blieb. Wie man geduldig weitermachte, im Vertrauen, es hinzubekommen. Ingmar hängte das Engelchen auf den einen für ihn richtigen Tannenzweig. Sein Vater war tatsächlich immer auf der Spur geblieben. Zumindest, was die zu erledigenden Dinge anbelangte. Weswegen sie Kinder ja auch ständig zu spät gekommen waren. Weil ihr Vater noch unbedingt seine Sachen hatte fertigbringen wollen. Nur in seiner Ehe hatte sich sein Vater ablenken lassen und war aus der Spur gekommen.

Zumindest klang das, was Tamara erzählt hatte, so. Aber er war zurückgekehrt.

Und nun stand Ingmar hier und tat alles genau so, wie er es bei seinem Vater beobachtet hatte. Zumindest, was die zu erledigenden Dinge anbelangte. Was seine Ehe anbelangte, da wollte es Ingmar anders machen. Auch in dieser Hinsicht hatte er von seinem Vater gelernt. Dafür war er dankbar. Alles brauchte eben seine Zeit, bis es nicht mehr schmerzte, sondern Sinn ergab. Er hatte das Gefühl, endlich etwas Wesentliches verstanden zu haben. Er selbst konnte entscheiden, was er von seinen Eltern übernahm und was nicht. Vielleicht bedeutete genau diese Freiheit, erwachsen zu sein. Gleichzeitig machte er sich langsam doch wieder Sorgen: Ihre Eltern hatten sich noch immer nicht gemeldet.

Elisabeth stand in der hell erleuchteten Küche, über ihrem Kopf baumelte der große, bunte Strohblumenstrauß. Sie knetete den Stollenteig. So, wie ihre Mutter das über vierzig Jahre lang getan hatte. Sie hatte nicht nur extra viele Rosinen für Tamara in den Teig eingearbeitet, sondern auch extra viel Liebe für alle, dachte Ingmar. Er erinnerte sich, wie Tamara in ihrem blauen Samtkleid und den geflochtenen Zöpfen damals neben ihrer Mutter in der Küche gestanden hatte. Er hörte seine Mutter noch einmal sagen: „Ich habe extra viele Rosinen für dich hineingetan. Die isst du doch so gerne."

Die wenigen leisen Geräusche um ihn herum waren genau die, die er schon immer an Heiligabend gehört hatte. Die geschäftige Stille wurde nur ab und an unterbrochen vom Knistern des Seidenpapiers, vom Plätschern der Milch, von Elisabeths leisem Schnaufen, während sie den riesigen Klumpen Teig knetete. Vom Zufallen der Ofenklappe. Ein vertrautes Gefühl stieg in ihm auf: Vorfreude.

Draußen dämmerte es inzwischen. Tamara ging leise hinüber zum Bücherregal und knipste die gelbe Klemmlampe an. Nun war der Garten beinahe dunkel und schon wieder von einer dünnen Schneeschicht bedeckt. Nur die Straßenlaterne am Gartenzaun warf ihr fahles Licht auf das trockene Gestrüpp der verblühten Hortensien, den Walnussbaum und die leicht verschneite Rasenfläche. Gleich würde Siri mit den Kindern aus dem Hotel herüberkommen. Gemeinsam mit Holger, Quirin und seinen Nichten und Neffen. Mit all den Kindern, die sich auf Weihnachten freuten, auf ihre Geschenke und auf den Weihnachtsmann. Sie würden leise hereinkommen und sich hier im Wohnzimmer auf den Sofas verteilen. Sie würden nicht sprechen. Nur schauen. Die Kerzen am Weihnachtsbaum würden brennen. Sie würden singen und dichter zusammenrücken.

Tamara wickelte die nächste hellrosa Putte aus. Sie hielt sie hoch. Auf der kleinen Faust saß ein blaues Vögelchen. Tamara lächelte Ingmar an. Sie gab ihm den kleinen Engel so, wie sie ihm damals, an diesem Abend in Schweden vor dreißig Jahren, ein Glas Wasser gegeben hatte. Im Blick geschwisterliche Zärtlichkeit. An diesem Abend, als ihre Eltern vom Pilzesuchen nicht wiedergekommen waren und seine großen Schwestern und er nicht wussten, wo Mama und Papa blieben. Als es immer später, draußen immer dunkler und drinnen im Ferienhaus immer stiller wurde. Er hatte geweint und Tamara hatte ihm ein Glas Wasser gereicht, so, wie sie ihm jetzt den kleinen Engel reichte. Und wie damals sagte sie jetzt zu ihm, mit dieser lieben Große-Schwester-Stimme: „Sie kommen wieder."
Er nickte und nahm den Engel. Seine Stimme war belegt. „Danke, Tamara."
Er fand einen schönen Platz für den Engel mit dem kleinen blauen Vögelchen. Ganz oben, ganz nah am Weihnachtsstern. Es war die Lieblingsputte seiner Mutter.

„Woher willst du wissen, dass sie wiederkommen?" Elisabeth kam aus der Küche herüber. Sie hatte die Schürze ihrer Mutter umgebunden und sah damit aus wie deren jüngere Version. Sie hatte die Hände voller Mehl, so wie ihre Mutter zu Weihnachten, wenn sie den Stollen gebacken hatte. Der einzige Unterschied war, dass sie nicht lächelte.

Tamara sah Elisabeth lange an, dann Ingmar. Sie flüsterte: „Ich weiß es nicht. Aber ich fühle es."

Still standen sie auf dem weichen Wohnzimmerteppich, auf dem sie als Kinder herumgetollt waren. Sie hatten darauf Purzelbäume geschlagen und Kopfstand geübt. Sie hatten darauf mit ihren Puppen gespielt und die Holzeisenbahn aufgebaut. Sie sahen sich an. Es war Heiligabend. Dies war ihr Zuhause. Sie waren erwachsen. Und sie waren voller schöner Erinnerungen und Dankbarkeit für das, was sie von ihren Eltern gelernt und bekommen hatten. Sie waren bereit, anzuerkennen, dass jeder seinen eigenen Weg ging und sie dennoch für immer verbunden blieben. Tamara lächelte: „Ich hab euch lieb."

Es klopfte an die Scheibe der Terrassentür. Tamara, Elisabeth und Ingmar drehten sich erschrocken um. Da draußen im dunklen Garten stand eine Traube von fröhlichen Leuten in Pudelmützen und Schals. Ihre Familien: Quirin, Siri, Holger und die Kinder. Lino und Georg drückten ihre Nasen an der Scheibe platt. Und dazwischen standen ihre Eltern! Tamara sah im Schein der Laterne unendlich viele weiße, zarte Flocken geradewegs aus dem nächtlichen Himmel heruntersegeln. Fröhlich. Heiter. Unabhängig. Frei. Es sah so schön aus, dass sie weinen musste, als sie die Tür öffnete. Als Erstes traten Mama und Papa, ihre Eltern, über die Schwelle ins warme Wohnzimmer. Sie nahm ihrem Vater und ihrer Mutter die Mäntel ab, um sie vorne in der Garderobe auf Bügel zu hängen, während die anderen schon nachdrängten und sich die Stiefel auszogen. Sie lächelte, gab Quirin einen Kuss auf die Wange und sagte: „Da seid ihr ja."

Weihnachten! – Welch ein prächtiges Wort! – Immer höher türmt sich der Schnee in den Straßen; immer länger werden die Eiszapfen an den Dachtraufen; immer schwerer tauen am Morgen die gefrorenen Fensterscheiben auf! Ach, in vielen armen Wohnungen tun sie es gar nicht mehr. – Hinter den meisten Fenstern lugen erwartungsvolle Kindergesichter hervor; da und dort liegt auf der weißen Decke des Pflasters ein verlorner Tannenzweig. Es wird viel Goldschaum verkauft, und bedeckte Platten von Eisenblech, die vorbeigetragen werden, verbreiten einen wundervollen Duft.

Wilhelm Raabe

Stefan Andres

DÖRFLICHE MOSELWEIHNACHT

In der bäuerlichen Welt des Moseldorfes, in dem ich meine Schuljugendzeit verbrachte, beging man das Weihnachtsfest zu Haus und in der Kirche auf eine herb-innige und ganz und gar unsentimentale Weise. Es hatte sich unter dem Stern von Bethlehem noch nicht jener Rummelplatz halb echter, halb falscher Gefühle aufgetan. Die Krämer verkauften wohl Christbaumschmuck, Schokoladenplätzchen und Lebkuchen, aber von einem Weihnachtsgeschäft sprach niemand, da die Sitte noch vollständig unbekannt war, Weihnachtsstimmung in Schachteln zu kaufen. Und man fiel auch, wie einem das heutzutage bereits vier Wochen vor Weihnachten passieren kann, wenn man in einem Gasthaus irgendwo eine Tür zu einem Bürger- oder Hinterstübchen aufklinkt, niemals in einen Kreis von weihnachtlich gestimmten Männern, die, zwischen Lichterbaum und Bierglas sitzend, „Stille Nacht" oder „Am Weihnachtsbaum die Lichter brennen" singen. Es gab auch keine langen und kostspieligen Vorbereitungen. Die Mutter sagte, etwa acht Tage vor dem Fest:

„Ja, ihr Kanner, da misse mer wohl baaken!" In der Futterküche war der Backofen. Ich sehe es noch, wie der Vater die Buchenscheite hineinwarf und die Mutter mit strengem Prüfen und das Gesicht gegen die Hitze verkniffen hineinschaute. Dann wurden die runden, an den Rändern gewellten Bleche mit dem wohlriechenden Teig herbeigetragen. An diesen Streusel- oder Obstkuchen hatte ich, so klein ich auch noch war, auszusetzen, daß die Teigschicht zu hoch war. Ich schnitt darum diese dicken Kreissegmente einmal der Länge nach durch, und nur, wie ich behauptete, um sie in den Mund zu kriegen, in Wirklichkeit aber, um auch das untere, das eigentliche Teigstück, mit Butter und Gelee zu bedecken, was den Eltern und Geschwistern als eine fast schon ans Lasterhafte grenzende Üppigkeit erschien. Neben dem Kuchen gab es noch Äpfel und Nüsse und vielleicht einen beim Bäcker gekauften Lebkuchen. Als der Jüngste, der ich war, wurde mir auch jedes Weihnachten ein kleines Spielzeug bewilligt: ein Blechauto oder dergleichen. Einmal erhielt ich eine Sparbüchse,

und ich erinnere mich genau, daß ich den bunten Blecheimer mit dem Schlitz überhaupt nicht als Geschenk, sondern als eine Ermahnung empfand.

Eine weitere Vorbereitung zum Fest bestand im Hausputz, im Beichtgang und im Besorgen eines Christbaumes. Dieses Bäumchen durfte, wiewohl es die Familie wie alle ordentlichen Leute im Dorfe mit dem Siebenten Gebot sehr genau nahm, nicht gekauft werden. Es gab ja den Gemeindewald – aber natürlich auch den Waldhüter! Aber dem Waldhüter um 50 Pfennig eine Fichte abkaufen, das, so glaube ich heute, hätte die Leute und den Waldhüter an der Spitze zum Lachen gereizt. Nein, den Christbaum ging man sich selber holen, doch mußte man zusehen, nicht an Ort und Stelle ertappt zu werden.

Den Heiligabend feierten wir nicht. Wir gingen eher ein wenig früher zu Bett, um morgens in aller Frühe, ich glaube um vier Uhr, aufzustehen. Falls uns das erste Läuten noch nicht geweckt hatte, hörten wir auf jeden Fall den Vater, der unten vor der Treppe stand und sang. Denn während er sonst nur mit den Knöcheln auf einen der Holztritte klopfte, erhob er an diesem Morgen seine kraftvolle Stimme, und wir saßen in den Betten, rieben die Augen und lauschten. „Heiligste Nacht – Heiligste Nacht, Finsternis weichet" – und bald fielen unsere Stimmen mit ein. Das Waschen am Weihnachtsmorgen geschah sehr flüchtig, denn der Geruch, der aus der guten Stube kam, erfüllte bereits das ganze Haus. Es ist schwer, diesem Geruch nach so vielen Jahren ganz auf die Spur zu kommen. Der Duft der Fichte und der herbe Geruch des Leinöls, mit dem die Bohlen des Fußbodens vor jedem Fest getränkt wurden, durchdrangen sich stark. Aus dem eingebauten Porzellanschrank, wo die Kuchen übereinanderstanden, stieg der nahrhafte und zugleich festliche Anhauch von Gestreuseltem, die Äpfel und der Christbaum gaben mit ihrem Atem dem Duftgequirle eine leichte, schwebende Würze, und die Schokoladenplätzchen und die stark gewürzten Lebkuchen regten mich mit ihrem aus fernen Ländern kommenden Geruch ebenso auf wie das unerhörte

Glitzern der Silberschaumkugeln und das Sprühen der Wunderkerzen. In die dicken Silberkugeln blickte ich immer wieder hinein und konnte mich an der fratzenbildenden Wirkung dieses Kugelspiegels nicht satt sehen.

Wenn ich an diese Weihnachtsmorgen in meiner Jugend zurückdenke, fällt es mir auf, wie selten wir noch heutzutage in derselben Gegend richtige Schneeweihnachten haben. Es war – das weiß ich noch, als hätte ich gestern den Weg zur Mette in die Dorfkirche angetreten – bitterkalt. Meist lag der Schnee in den Gassen, die, trotzdem es noch Nacht war, in einer unbestimmten Helligkeit dalagen. Ich rieche den Schnee gern, es ist, als ob man die Kälte selber riechen könnte. Ich wäre selbst als kleiner Junge nie auf den Einfall gekommen, ohne es anderen nachzutun, Schneebälle zu machen. Ich trottete dahin, genoß das weißliche Flimmern, roch den Schnee und hörte die Glocken zuhauf läuten, diese mütterlichen starken Stimmen oben im Kirchturm, die mich, so oft sie aus ihrem Schweigen fielen, mit ihrem himmlischen Gleichklang

erregten, aber niemals so wie in der Weihnacht. Der Himmel über dem Berg Rupprot glitzerte, die Sterne sahen in der klaren Nacht wie Kristalle aus, und ich suchte, aber mehr mit dem träumenden als dem forschenden Auge, nach dem Stern der Weisen. In Mandels Ecke, einem einsamen Winkel, wo ein Stall lag, hörte ich, offenbar vom Hahn geweckt, eine Kuh muhen und später das Gemecker einer Geiß. Dann dachte ich an die Geschichte, die mir der Vater über die Weihnacht der Tiere erzählt hatte, daß nämlich der Hahn in der Nacht der Erlösung gerufen habe: „Christus ist hie!", die Kuh aber habe gerufen: „Woo?", und die Geiß antwortete: „In Bethlehem!"

Weihnachtszeit

Zur Weihnachtszeit lag immer ein herrlicher Duft nach Gewürzen, Orangen und frisch gebackenen Plätzchen in der Luft, und in der Wohnung reihte sich eine Dose mit Süßem an die andere. Schon ab Mitte November, wenn es draußen kälter wurde und die Wiesen frühmorgens meist mit Raureif überzogen waren, bereitete Nanette die Teige für die verschiedenen Plätzchen vor. Sie ließ sie über Nacht ruhen, um am nächsten Tag Blech für Blech der kleinen Köstlichkeiten zu backen. Beim Verzieren der vielen verschiedenen Sorten saßen dann die Frauen, Kinder und Lehrmädchen um den großen Küchentisch und wetteiferten um die schönsten Stücke. Die Stollen und Aniskipfe hingegen wurden daheim nur vorbereitet und dann beim Bäcker Grünbaum im riesigen Holzofen in der Backstube gebacken – schließlich war hier mehr Platz.

Die Plätzchen wurden großzügig verteilt. An die Nachbarn, den Postboten, die Müllfahrer, den Schlotfeger … „Alle haben eine Tüte voll bekommen", meint ihre Enkelin Annina. Dann verzieht sie das Gesicht: „Oft hatte Oma so viel gebacken, dass an Ostern noch Plätzchen da waren. Dann gab's Tutti-Frutti-Auflauf. Sie zerbröselte die Plätzchen, tränkte sie mit Süßwein, legte eingemachte Früchte darauf und goss zuletzt Vanillepudding darüber. Es durfte ja nichts verkommen." „Scheußlich!", sind sich alle einig. Alle? Ihr Sohn Fritz grinst, denn er hat den Auflauf immer gerne gegessen.

Vanillemürbchen

250 g Mehl
175 g kalte Butter, in Stückchen geschnitten
2 Pck. Vanillezucker
5 EL saure Sahne

Dosenmilch zum Bestreichen
Hagelzucker zum Verzieren

runde Ausstechförmchen (4 cm und 6 cm Ø)

Das Mehl auf die Arbeitsfläche sieben, in die Mitte eine Mulde drücken und die restlichen Zutaten hineingeben. Rasch zu einem glatten Teig verkneten und 30 Minuten kalt stellen.

Den Teig 0,5 cm dick ausrollen und Plätzchen von 6 cm Ø ausstechen. Aus diesen wiederum Plätzchen von 4 cm Ø ausstechen, sodass Ringe und rundes Gebäck entstehen. Mit Dosenmilch bestreichen und mit Hagelzucker verzieren.

Zwei Bleche mit Backpapier auslegen und den Backofen auf 200 °C vorheizen.

Runde Plätzchen und Ringe wegen der unterschiedlichen Backzeit jeweils getrennt auf das Blech legen und 10–15 Minuten im Ofen goldgelb backen.

Marian Keyes

DAS GUTE AN WEIHNACHTEN

Jedes Jahr, so um den 2. Januar, sage ich: „Das reicht jetzt! Nächstes Jahr verreise ich, in ein Land, in dem Weihnachten illegal ist." In den Iran vielleicht. Oder Saudi-Arabien. In ein Land, in dem es keinen Truthahn gibt. *Keinen Jäger des verlorenen Schatzes,* und wo ich verhaftet werden kann, wenn ich im Bus „Vom Himmel hoch" singe.

Nach der Weihnachtszeit bin ich erschöpft und moppelig, habe einen dumpfen Kopf und das Kinn voller stressbedingter Pickel und wünsche mir nichts sehnlicher, als die nächsten sechs Monate allein auf einem Berg zu leben. Und das Schlimmste daran ist, dass ich mir wie ein Versager vorkomme, wie ein komischer Sonderling: Denn alle anderen lieben Weihnachten – warum ich nicht?

Aber irgendwann machte ich die erfreuliche Entdeckung, dass ich längst nicht die Einzige bin. Keineswegs. Viele Menschen lehnen Weihnachten ab. Und nachdem mir das klar geworden war, änderte sich meine Haltung, und ich verstand, dass an Weihnachten auch viel Gutes ist.

Für viele Menschen hat es mit der Geburt Jesu Christi zu tun, und wenn es Ihnen auch so geht, fein, das ist absolut Ihre Privatangelegenheit, aber für mich ist Weihnachten ein Fest des Essens. Oh, die Freiheit zu haben, zu essen, was ich will!

Ich meine das so. Die meiste Zeit schäme ich mich jedes einzelnen Bissens, der in meinen Mund wandert. Mein innerer Monitor, der schreckliche Kalorienzähler, merkt sich alles und hält mir alle Ausschweifungen vor, um mich zu beschämen. Egal, wie wenig ich an einem Tag esse, ich habe immer das Gefühl, ich hätte weniger essen können. Mein Appetit ist wie ein schwer zu kontrollierender Rottweiler, der an der Kette zerrt, und sobald ich einen Happen in den Mund stecke, denke ich an den letzten und daran, wie es mir gehen wird, wenn alles gegessen ist.

Weißer Zucker ist meine größte Liebe und mein ärgster Feind, und ihn zu vermeiden fühlt sich an, als müsste ich jeden Tag nach dem Aufstehen in den Krieg ziehen – an jeder Ecke droht Gefahr. Und dann kommt der Dezember.

Wir, meine vier Geschwister und ich sowie unsere Partner und Kinder, verbringen gewöhnlich den ersten Weihnachtstag im Haus meiner Eltern, das für die Festtage in ein Zuckerwunderland verwandelt wird. Es kommt mir vor, als würde ich in jedem Zimmer, das ich betrete, über Keksdosen stolpern, die kniehoch gestapelt sind. Hinter den Vorhängen im Esszimmer sind drei Dosen mit Black Magic-Pralinen versteckt. Ich will ein paar armselige Blaubeeren aus dem Kühlschrank holen, und da, in der Mitte, steht der Weihnachtspudding. Und jedes Jahr kauft Dad mir meine eigenen

Pralinen, seit Jahren macht er das, obwohl ich ihn jedes Jahr bitte, es nicht zu tun.

Ich habe keine Hoffnung, Widerstand ist zwecklos, die Sache ist viel zu groß für mich. Und plötzlich ist da das Gefühl, dass eine große Last von mir genommen ist, und ich erlaube mir, alles zu essen, was ich will. Für begrenzte Zeit – wie bei einem Ausverkauf, wo alles zum halben Preis angeboten wird – fühle ich mich leicht und befreit und prasserisch.

Letzte Weihnachten fing ich den Tag so an, wie ich es seit Menschengedenken tue: Ich ließ mein übliches, moralisch unanfechtbares Frühstück aus biodynamischen Haferflocken sein, ging mit einer Dose Roses-Pralinen zurück ins Bett und erlaubte mir, so viele zu essen, bis der Metallboden zu sehen war. Lange bevor dieser glückliche Moment da war, war mir schlecht, aber das Wissen, dass es keine Grenze gab, machte das Ganze so vergnüglich. (Dieses Ritual ist so fest etabliert, dass meine Eltern inzwischen, nach bitteren Beschwerden meiner Geschwister, eine zweite Dose Roses-Pralinen für die Allgemeinheit kaufen müssen.)

Ich hatte keine Schuldgefühle. Keine. Und wahrscheinlich ist es die Gewissheit, dass ich Weihnachten loslassen kann, die bewirkt, dass ich die Beschränkungen das ganze Jahr über aushalte.

Und dazu ist Weihnachten da.

Die Menschen beklagen sich bitterlich darüber, dass sie sich mit ihrer Familie eingesperrt fühlen, dass sie im Fernsehen lauter Unsinn angucken, so wie jedes Jahr. Aber sie lassen das Wichtigste außer Acht. Nämlich dass Weihnachten eine Zeit ohne Schuldgefühle ist, ohne Zurückhaltung und Verantwortung – und was für eine Erleichterung das ist! Zwar liege ich nicht auf den Malediven in der Sonne, aber ich mache Ferien von meinen eigenen Regeln.

Natürlich, ich weiß, weil ich mit meinen Schwestern das Pralinen-Wettessen mache (bei dem jede in einer Minute so viel wie möglich aus der eigenen Schachtel essen muss, Dad stoppt die Zeit), bezahle ich im Januar mit beschämenden Extrapfunden, aber für diese kurze Zeit herrscht Waffenruhe. Ich muss nicht kämpfen.

Mit Alkohol ist es dasselbe – ich trinke ja nicht mehr, aber denjenigen, die Alkohol trinken, werden pausenlos Schuldgefühle eingetrichtert. Man denkt, man trinkt nach einem harten Tag im Büro ein, zwei Gläser Wein und muss dann feststellen, dass das bereits als Sauforgie zählt.

Aber zu Weihnachten ist Trinken *Pflicht* – bei der Party im Büro, beim Team-Lunch, an dem Abend mit alten Schulfreunden, bei den Nachbarn, die zu Glühwein einladen ... endlose Gelegenheiten zu trinken: Und wer möchte schon, dass die anderen einen als Spielverderber betrachten?

Dezember ist der einzige Monat, in dem man elf Tage hintereinander betrunken nach Hause taumeln kann und das trotzdem als sozial verträgliches Miteinander angesehen wird, und genau das macht die Mäßigung unterm Jahr erst erträglich.

Gut an Weihnachten sind außerdem die tröstlichen Rituale. Hier ist ein Keyes-Ritual: Als wir Kinder waren, hatten wir nicht viel Geld, und weil Dad befürchtete, wir könnten die Süßigkeiten vor dem ersten Weihnachtstag aufessen, durften wir sie erst aufmachen, wenn Dad am Weihnachtsmorgen zum Start gepfiffen hatte. Aber Caitríona und ich hielten das Warten nicht aus, deshalb schlichen wir uns in das dunkle Esszimmer – Lagerplatz der Pralinen-Kartons – und öffneten heimlich einen, entnahmen ein Nusskrokant und ein Curly Wurly und verschlossen den Karton mit einem Streifen Tesafilm, dann schlichen wir uns aus dem Zimmer wie Katzendiebe. Und das machen wir *heute* noch, jede Weihnachten. Wenn wir aus dem Esszimmer kommen, setzen wir uns zu Dad und verzehren unsere Diebesbeute vor seiner Nase, worauf Dad uns streng ansieht, vergisst, dass wir über vierzig sind, und uns anherrscht: „Wo habt ihr die Pralinen her?", und Caitríona und ich lachen uns schlapp.

Was die meisten Menschen anscheinend am meisten an Weihnachten stört, ist das Ausmaß an vergeudeter Zeit. Wenn sie irgendwann anders im Jahr zehn Tage frei hätten, würden sie in den Skiurlaub fahren, statt im Schlafanzug Blödsinn im Fernsehen zu gucken. Dabei ist es doch eine besondere Freude, in einem zielgerichteten Leben mal etwas völlig Sinnloses zu tun. Normalerweise habe ich eine endlose Liste von Aufgaben abzuarbeiten. Jeden Tag. Mails beantworten, die Glühbirne in meiner Nachttischlampe auswechseln, splitternden Nagellack entfernen, den Fisch aus der Tiefkühltruhe nehmen, Morgengymnastik machen, mein Telefon aufladen, ein

Geburtstagsgeschenk für mein Patenkind kaufen, verloren gegangene Dinge suchen, eine neue Liste machen, weil die alte voll ist. Von mir als Frau wird erwartet, dass ich viele verschiedene Persönlichkeiten in mir vereine, jede davon fabelhaft.

Aber das Vergnügen an Weihnachten, das Vergnügen, seltsame alte Filme zu gucken, solche, die schon vorbei sind, bevor man sie anschaltet. Schlechte Filme. Schreckliche Filme. Filme ohne jeden Wert. Filme, die in der geteilten Erinnerung weiterleben und eine kleine Gruppe von Menschen verbindet, die sie gesehen hat. Jede Weihnachten fragen wir uns ungläubig: „Wisst ihr noch, der komische Film von dem Mann, der sein Gedächtnis verloren hatte und seine eigene Frau heiratete? Gab es den wirklich?"

Aber das Allerbeste an Weihnachten – und das verwirrt die Menschen leider und macht sie unglücklich – sind die Streitigkeiten.

Von all den guten Dingen, die Weihnachten zu bieten hat, werden die Streitigkeiten am häufigsten missverstanden. Wir hängen der Vorstellung an, dass Weihnachten das Fest der Liebe ist, und erwarten, dass

es zu Weihnachten leichter ist, andere zu lieben, als sonst.

Aber warum sollte es das? Wir stehen unter größerem Druck als zu anderen Zeiten im Jahr: Weihnachtskarten schreiben, Kater ertragen, Listen abarbeiten, Geschenke kaufen, Menschenmengen und gesellschaftliche Verpflichtungen aushalten, das Kochen, die Reisen, das Ausharren vor Tagesanbruch, um die letzte Lieferung von Ninky Nonks (oder Elsas oder was immer gerade angesagt ist) vor dem 25. Dezember zu ergattern – das hinterlässt Spuren. Und das Nächste ist, dass wir uns im Kreise der

Familie gegenseitig anschreien – wie können wir da allen Ernstes überrascht sein? Uns sogar dafür schämen?

Das ist überhaupt nicht nötig, wirklich nicht! Wir sollten aufhören, das als etwas Schlimmes zu betrachten. Im Gegenteil, es ist sehr, sehr gut. Denn das Jahr über sind wir kleine, machtlose Geschöpfe in einer feindseligen Welt, und wenn etwas Schlechtes passiert, müssen wir unseren Zorn runterschlucken. Unser Friseur toupiert uns die Haare, obwohl wir ausdrücklich gesagt haben: „Nicht toupieren!" Wir kriegen einen Strafzettel, weil wir die Zeit um zwei Minuten, *zwei kleine Minuten* – gerade mal 120 Sekunden – überzogen haben. In der Firma bekommt ein junger Mann, der ein begabter Golfspieler ist, die Beförderung, die Ihnen zugestanden hätte. Und was können wir tun? Nichts! Wir sind kleine, machtlose Geschöpfe und müssen uns ein Lächeln abringen und dem Friseur – ja! – ein Trinkgeld geben, denn wenn wir es nicht tun, föhnt er beim nächsten Mal den Pony in eine komische Form. Statt dem grausamen Strafzettel-Menschen an die Kehle zu springen, müssen wir die Strafe bezahlen. Und in der Firma müssen wir dem schleimigen jungen Mann Bericht erstatten. Und das baut sich auf, die ganze Frustration, die Ohnmacht. Wir ziehen unsere Schultern dauerhaft bis zu den Ohren hoch, von einem Backenzahn bricht ein Stück ab, weil wir pausenlos mit den Zähnen knirschen, und um vier mitten in der Nacht schießen wir im Bett hoch und machen uns Sorgen um die Welt.

… und dann sind wir plötzlich mit der Familie in unserem überheizten, übervollen Haus eingeschlossen. In jedem Zimmer brüllt ein Fernseher, man kann sich nirgendwohin zurückziehen und seine Ruhe haben, die Küche ist voller Dampf und Rosenkohl, und es ist nur eine Frage der Zeit, dass die Hölle losbricht.

Schwer zu sagen, welchen Verlauf die Auseinandersetzungen nehmen werden – aber das ist mit das Gute daran. Plötzlich schreit man jemanden an wegen der weißen Soße, oder weil die Zitronen in Scheiben und nicht in Achtel geschnitten sind, oder weil jemand das Tesafilm aufgebraucht hat.

Aber natürlich geht es nicht wirklich um die weiße Soße, Zitronenachtel oder das Tesafilm, sondern es geht darum, dass wir dem Strafzettel-Menschen nicht an die Gurgel springen können.

Deshalb rate ich Ihnen: Schämen Sie sich Ihres Ausbruchs nicht – begrüßen Sie ihn. Schreien Sie nach Herzenslust. Lassen Sie Ihren ganzen Zorn raus. Sie sparen ein Vermögen an Honorar für den Therapeuten und an Zahnarztrechnungen, und Sie vermeiden so, in der Zukunft süchtig nach Schlafmitteln zu werden.

Der springende Punkt ist der, dass die Grenzen innerhalb der Familie viel elastischer und nachgiebiger sind als die in anderen sozialen Gruppierungen. In Familien gibt es Streit. Wir streiten schon unser ganzes Leben, und danach pendeln wir uns auf einem bestimmten Level der Dysfunktionalität wieder ein, der in meiner Familie als normal gilt.

Und vergessen Sie nicht, bald ist Januar, und wir gehen in Sack und Asche, machen Sie also das Beste aus all der Völlerei, der Trägheit, der Trunkenheit und den weihnachtlichen Auseinandersetzungen. Das sind einfache Vergnügen, billig zu haben – und gleichzeitig sind sie unbezahlbar.

Fünf Sachen, die ich besonders an Weihnachten mag:
1. Mich mit einem zerlesenen Agatha Christie-Krimi zusammenrollen und sieben Seiten vor dem Ende merken, dass ich ihn schon gelesen habe.
2. Weihnachtspudding aus der Schüssel als Betthupferl zu essen.
3. Dass das Sportstudio geschlossen hat.
4. Mit meinen Schwestern *Mondsüchtig* gucken und alle Dialoge mitsprechen.
5. Mit der ganzen Familie nach einem enormen, lautstarken Streit um den großen Tisch sitzen, lächeln und denken: „Das sind meine Leute, das ist mein Stamm."

Erstmals veröffentlicht in der *Sunday Times Style*, Dezember 2008.

Heiße Gewürz-Schokolade

FÜR 2 GLÄSER

400 ml Mandelmilch, ungesüßt

2 EL Mandelbutter

2 EL Kokosmilch

2–3 Datteln (Medjool)

1 Banane

2–3 EL Kakaopulver

1 TL Zimtpulver

1 Prise Muskatnuss

1 Prise Salz

1 Prise Cayennepfeffer, nach Belieben

Topping:

Geschlagene Kokosmilch

Geriebene Schokolade oder Kakao-Nibs

Mandelmilch auf 55–60° erhitzen. Mit allen Zutaten in einem Mixer zu einem schönen, glatten Drink mixen.

Wenn Sie die Schokolade heißer mögen, in einem Topf auf dem Herd erhitzen, aber nicht kochen. Auf Gläser verteilen.

Mit einem Mixer etwas Kokosmilch sahnig schlagen, auf die Schokolade geben und geriebene Schokolade oder Kakao-Nibs darüberstreuen.

Rainer Maria Rilke

Advent

Es treibt der Wind im Winterwalde
die Flockenherde wie ein Hirt,
und manche Tanne ahnt, wie balde
sie fromm und lichterheilig wird;
und lauscht hinaus. Den weißen Wegen
streckt sie die Zweige hin – bereit,
und wehrt dem Wind und wächst entgegen
der einen Nacht der Herrlichkeit.

Die Legende vom Strohstern

Als die Hirten auf den Feldern Bethlehems von der Geburt des Kindes
gehört hatten, machten sie sich gleich auf den Weg, um es zu sehen.
Auf dem Heimweg überlegten sie, was sie dem Kind bei ihrem nächsten Besuch schenken wollten: frische Schafsmilch, Mehl, Fett und ein warmes Fell.
Nathaniel, der kleinste Hirtenjunge, hatte nichts zum Verschenken.
Das machte ihn traurig. Als er auf seinem Strohbündel lag, konnte er
lange nicht einschlafen. Immer musste er an das Kind im Stall denken.
Von draußen leuchtete hell der Weihnachtsstern auf sein Lager und tauchte
die einzelnen Strohhalme in sein warmes Licht. Da wusste Nathaniel
plötzlich, was er dem Kind schenken konnte: einen Stern aus Stroh!
Leise, um die anderen nicht zu wecken, stand er auf. Mit einem Messer
schnitt er ein paar Halme zurecht und legte sie zu einem Stern zusammen.
Mit einem Wollfaden band er die Halme zusammen.
Am nächsten Tag, als die Hirten gemeinsam aufbrachen, trug Nathaniel den
kleinen Stern aus Stroh vorsichtig in seinen Händen. Er wartete,
bis die anderen ihre Geschenke dem Kind in die Krippe gelegt hatten.
Dann trat er zu dem Kind und hielt ihm mit zitternden Händen
seinen Strohstern hin.
Das Kind hielt den Stern fest und lächelte ihn an.
Da wurde auch Nathaniel sehr froh.

Volksgut

Hanns Dieter Hüsch

DIE BESCHERUNG

Dass mir keiner ins Schlafzimmer kommt! Alle Jahre wieder ertönt dieser obligatorische Imperativ aus dem Munde meiner Frieda, wenn es darum geht, am Heiligen Abend Pakete und Päckchen in geschmackvolles Weihnachtspapier zu schlagen, wenn es darum geht, den Rest der Familie in Schach zu halten, damit auch ja keiner einen voreiligen Blick auf die Geschenke werfen kann.

Ich dagegen habe es etwas einfacher: Ich schmücke den Baum! Punkt 17.00 Uhr begebe ich mich auf die Veranda und hole den schönen Baum herein.

Es ist wirklich ein schöner Baum, sagt die Frieda.

Doch, sage ich, der Baum ist schön.

Dann kommt die kleinere Frieda auch noch und sagt, dass der Baum schön ist.

Und nachdem wir alle noch ein paar Mal um den schönen Baum herumgegangen sind, sagt die Frieda: Mein Gott! Es ist ja schon halb sechs!

Und damit beginnt offiziell in allen Familien, die sich bei diesem Fest noch bürgerlicher Geheimnistuerei bedienen, der nervöse Teil der Bescherung.

Deshalb stecke ich mir vorbeugend – einmal im Jahr – zunächst mal eine Zigarre an und überlege in aller Ruhe, welche formalen Prinzipien ich dieses Mal zur Ausschmückung des schönen Baumes anwende.

Habe ich dann den Baum nach einigen Schnitzereien mit einem Sägemesser glücklich in den Christbaumständer gezwängt, weiß ich auch schon, wie ich's mache:

Dieses Mal werde ich endlich dem Prinzip huldigen: Je schlichter, desto vornehmer! Zwei, drei Kugeln. Vier bis fünf Kerzen, hie und da einen Silberfaden, aus! Schließlich ist das ja ein Baum und keine Hollywoodschaukel.

Das soll natürlich nicht heißen, dass wir nicht genug Kugeln und Kerzen, Lametta und Engelshaar, Glöckchen und Trompetchen hätten. Im Gegenteil. Ich könnte damit drei Bäume, Pardon, drei schöne Bäume schmücken.

Und schon erhebt sich die Frage: Nur bunte Kugeln oder nur silberne? Nur weiße Kerzen oder nur rote? Engelshaar oder kein Engelshaar? Ja, was sollen meine intellektuellen Freunde denken, wenn die am zweiten Feiertag zu Besuch kommen und sehen dann meinen Mischmasch aus Sentimentalität und Kunstgewerbe. In diese meine präzisen ästhetischen Überlegungen hinein platzt die Frieda mit dem Ruf: Wie weit bist du? Um sechs Uhr ist Bescherung!

Das schaffe ich nicht, rufe ich zurück, ich kann ja den Baum nicht übers Knie brechen.

Wir haben zu Hause, sagt die Frieda, immer um sechs Uhr die Bescherung gehabt.

Wir haben die Bescherung, sage ich, immer um halb acht gehabt.

Wir haben sie um sechs gehabt, sagt die Frieda.

Um sechs Uhr schon Bescherung, sage ich, warum dann nicht schon gleich um vier oder im Oktober. Wir haben die Bescherung immer um halb acht gehabt, manche Leute haben ja die Bescherung erst am anderen Morgen.

Und wann sollen wir essen, fragt die Frieda.

Nach der Bescherung, sage ich.

Also um 9.00 Uhr, sagt die Frieda, bis dahin sind wir ja verhungert. Wer hat übrigens das Marzipan gegessen, das hier auf der Truhe lag?

Ich nicht, ruft die kleinere Frieda, aus der Küche.

Also, sagt die Frieda, also, wenn du jetzt nicht den Baum in einer Viertelstunde fertig hast, dann könnt ihr euch eure Bescherung sonstwo hinstecken!

Vielleicht fängt schon mal einer an zu singen, sage ich, desto leichter geht mir der Baum von der Hand. Und alle ästhetischen Überlegungen nun über den Haufen werfend, überschütte ich den schönen Baum mit allem, was wir haben, so dass man schließlich vor lauter Glanz und Gloria keinen Baum mehr sieht, und die Frieda kommt herein und sagt: Nun hast du's ja doch wieder so gemacht wie im vorigen Jahr, das nächste Mal schmücke ich den Baum!

Ja, sage ich, wenn ihr mir keine Zeit lasst, dann kann natürlich kein Kunstwerk entstehen.

Nun steh hier mal nicht im Weg, sagt die Frieda, geh jetzt mal raus, ich muss nämlich jetzt hier die Geschenke packen und aufbauen!

Ja, wo soll ich denn hingehen, frage ich, darf ich vielleicht ins Wohnzimmer?

Nein, ruft da meine Schwägerin, die inzwischen eingetrudelt ist, dass mir keiner ins Wohnzimmer kommt, ich bin noch nicht fertig. Und in die Küche darf ich auch nicht, da bastelt nämlich die kleinere Frieda noch an diesen entzückenden Kringelschleifchen für jedes Päckchen herum.

Die Frieda kommt aus dem Christbaumzimmer und sagt: Augen zu! Ich halte mir die Augen zu und sage: Ins Bad nur über meine Leiche, da hab ich nämlich meine Geschenke versteckt!

Und so geht das die ganze nächste halbe Stunde: Dreh dich mal um, guck nur nicht unter den Teppich, wer hat den Schlüssel vom Kleiderschrank, ich brauche noch geschmackvolles Weihnachtspapier, der Klebestreifen ist alle, willst du wohl von der Tür da weggehen, such lieber mal die Streichhölzer, meine Mutter hat das alles alleine gemacht, das ist gemein, du hast geguckt, die paar Minuten wirst du wohl noch warten können.

Bis es dann endlich so weit ist, aber selbst dann kommt bei uns keine Ordnung zustande, dann heißt es nämlich: Wer packt zuerst aus? Du! Nein, ich nicht, zuerst das Kind, dann du. Nein, du dann. Wieso ich? Also, dann du und dann ich. Ich zuletzt, bitte.

Nun werden Sie vielleicht fragen, mit Recht fragen: Wird denn bei Ihnen gar nicht gesungen, wird denn bei Ihnen nur eingepackt und ausgepackt?

Doch, doch natürlich, eine Strophe wird schon gesungen, aber dann fällt das Singen meist auseinander. Aber, wissen Sie, beim Einpacken und Auspacken, da sind wir alle so nervös und verlegen, dabei merkt man die Liebe und den Frieden und den Menschen ein Wohlgefallen viel stärker als beim Singen. Und auch der Baum, der kann dann sein, wie er will, groß oder klein, dürr oder dicht, bunt oder schlicht, die Frieda sagt dann jedes Mal – auch dieses Mal wieder: Also, der Baum … also, der Baum … der Baum ist wunderschön!!!

Johann Heinrich Voß an Ernestine Voß

Segeberg. 23. Dezember 1783

Hier size ich, meine liebe Ernestine, die Pfeife im Munde, und eine Tasse Thee vor mir. Das Gesicht glüht mir von der Kälte, und die Finger sind noch eben so starr, als gestern, da wir vom Spaziergange zurückkamen, und uns mit Kaffe erquickten. Ich habe den ganzen Weg her nicht viel anderes gedacht, als dich und unsre Kinder, wie ihr mit Großmutter nachsaht, was ihr nun wol machtet, was ihr nun wol von mir plaudertet, und mir Gutes wünschtet. In Hasseldorf erquickte ich meinen Fuhrmann mit Brantewein, wozu er Brr! sagte. Dafür verschafte er mir noch ein halb Bund Stroh, mir die Füße zu wärmen. Wenn du diesen Brief liesest, bin ich schon bei Graf Christian in Tremsbüttel. Jezt bist du bei den Kindern. Wie lebhaft ich euch vor mir sehe! Heinrich und Wilhelm auf dem Stuhle stehend, und Hans mit dem Löffel im Munde. Küsse die süßen Dinger, und erzähle ihnen viel von ihrem Vater. (...) Was das morgen Abend für eine Freude sein wird, wenn das heilige Christgeschenk in aller seiner Pracht und Erleuchtung vor den Jungen erscheint. Laß sie dir auch einen Kuß für ihren Vater geben, der in Gedanken bei euch sein wird. Und Weihnacht Mittag trinkt hübsch meine Gesundheit in dem übrig gebliebenen Bischof. Er hat mir heute sehr wohl gethan, und ich danke dir, liebes Mädchen. Die Mamsell Töchter des Wirts sizen um mich, und machen Schmuck, der vermutlich übermorgen in der Kirche prunken soll. Der Herr Wirt tuscht manchmal, daß sie den Herrn Rector nicht stören; und ich sage dann: „Lassen sie nur, es stört mich nicht." Das wird den Buben auch gefallen, daß sie nun ungescholten beim Thee plaudern können. Mache doch, daß sie mich darum doch lieb behalten. Ich fühle es heute mit allen Kräften meiner Seele, wie lieb ich euch habe, dich Mutter, und die süßen Kindelein!

Dank dir, lieber Gott,
daß du mich so gesegnet hast.

Gerade zur Weihnachtszeit denkt man doch an seine Lieben in Nah und Fern. Diese Kuverts mit Briefbögen kannst du herausnehmen, mit netten Worten versehen und verschicken!

Wenn man
einander schreibt,
ist man wie durch ein Seil
verbunden.

Franz Kafka

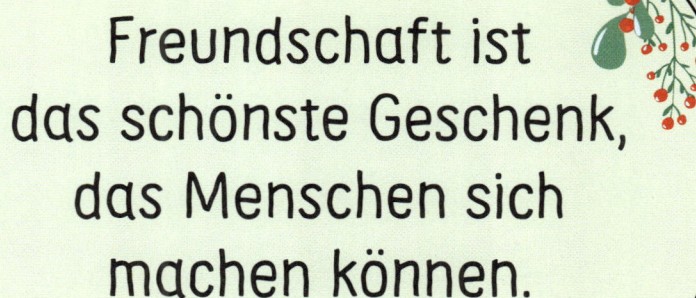

Freundschaft ist
das schönste Geschenk,
das Menschen sich
machen können.

Erich Kästner

SECHSUNDVIERZIG HEILIGABENDE

Fünfundvierzigmal hintereinander hab' ich mit meinen Eltern zusammen die Kerzen am Christbaum brennen sehen. Als Flaschenkind, als Schuljunge, als Seminarist, als Soldat, als Student, als angehender Journalist, als verbotener Schriftsteller. In Kriegen und im Frieden. In traurigen und in frohen Zeiten. Vor einem Jahr zum letztenmal. Als es Dresden, meine Vaterstadt, noch gab.

Diesmal werden meine Eltern am Heiligabend allein sein. Im Vorderzimmer werden sie sitzen und schweigend vor sich hinstarren. Das heißt, der Vater wird nicht sitzen, sondern am Ofen lehnen. Hoffentlich hat er eine Zigarre im Mund. Denn rauchen tut er für sein Leben gern. „Vater hält den Ofen, damit er nicht umfällt", sagte meine Mutter früher. Mit einem Mal wird er „Gute Nacht" murmeln und klein und gebückt, denn er ist fast achtzig Jahre alt, in sein Schlafzimmer gehen.

Nun sitzt sie ganz einsam und verlassen. Ein paarmal hört sie ihn nebenan noch husten. Schließlich wird es in der Wohnung vollkommen still sein. Bei Grüttners oder Ternettes singen sie vielleicht „O du fröhliche, o du selige". Meine Mutter tritt ans Fenster und schaut auf die weißbemützten Häuserruinen gegenüber. Am Neustädter Bahnhof pfeift ein Zug. Aber ich werde nicht in dem Zug sein.

Dann wird sie in ihren Kamelhaarpantoffeln leise und langsam durchs Zimmer wandern und meine Fotografien betrachten, die an den Wänden hängen und auf dem Vertiko stehen. In den Büchern, die ich geschrieben habe und die sie auf den Tisch gelegt hat, wird sie blättern. Seufzen wird sie. Und vor sich hinflüstern: „Mein guter Junge." Und ein wenig weinen. Nicht laut, obwohl sie allein im Zimmer ist. Aber so, dass ihr das alte, tapfere Herz weh tut.

Wenn ich daran denke, ist mir es, als müsste ich, hier in München, auf der Stelle vom Stuhl aufspringen, die Treppen hinunterstürzen und ohne anzuhalten bis nach Dresden jagen. Durch die Straßen und Wälder und Dörfer. Über die Brücken und Berge und verschneiten Äcker und Wiesen schnell. Bis ich endlich außer Atem vor dem Hause stünde, in dem sie sitzt und

sich nach mir sehnt wie ich mich nach ihr. Aber ich werde nicht die Treppen hinunterstürzen. Ich werde nicht durch die Nacht nach Dresden rennen. Es gibt Dinge, die mächtiger sind als Wünsche. Da muss man sich fügen, ob man will oder nicht. Man lernt es mit der Zeit. Dafür sorgt das Leben. Sogar von euch wird das schon mancher wissen. Vieles erfährt der Mensch zu früh. Und vieles zu spät.

Meine liebe Mutter ... Nun bin ich doch selber schon ein leicht angegrauter, älterer Herr von reichlich sechsundvierzig Jahren. Aber der Mutter gegenüber bleibt man immer ein Kind. Mutters Kind eben. Ob man sechsundvierzig ist oder Ministerpräsident von Bischofswerda oder Johann Wolfgang

Goethe persönlich. Das ist den Müttern, Gott sei Dank, herzlich einerlei!

Später wird sie sich eine Tasse Malzkaffee einschenken. Aus der Zwiebelmusterkanne, die in der Ofenröhre warmsteht. Dann wird sie ihre Brille aufsetzen und meinen letzten Brief noch einmal lesen. Und ihn sinken lassen. Und an die fünfundvierzig Heiligabende denken, die wir gemeinsam verlebt haben. An Weihnachtsfeste besonders, die weit, weit zurückliegen. In längstvergangenen Zeiten, da ich noch ein kleiner Junge war.

An das eine Mal etwa, wo ich ihr einen großen, schönen, feuerfesten Topf gekauft hatte und mit ihm, als sie mich zur Bescherung rief, hastig durch den Flur rannte. Als ich ins Zimmer einbiegen wollte, begann ich strahlend: „Da, Mutti, hast du ...“ Ich wollte natürlich rufen: „... einen Topf!“ Aber nein, Mutters feuerfester Topf kam leider, als ich in die Zielgerade einbog, mit der Tür in Berührung. Er zerbrach und ich stammelte entgeistert: „Da, Mutti, hast du – einen Henkel!“ Denn mehr als den Henkel hatte ich nicht in der Hand.

Wenn sie daran denkt, wird sie lächeln. Und einen Schluck Malzkaffee trinken. Und sich anderer Weihnachten erinnern. Vielleicht jenes Heiligabends, an dem ich ihr die „sieben Sachen" schenkte. Verlegen überreichte ich ihr eine kleine, in Seidenpapier gewickelte Pappschachtel und sagte, während sie diese unterm Christbaum vorsichtig und gespannt auspackte: „Weißt du, ich habe doch nicht viel Geld gehabt – aber es sind sieben Sachen und alle sieben sind sehr praktisch!" In der Schachtel fand sie eine Rolle schwarzen Zwirn, eine Rolle weißen Zwirn, eine Spule schwarzer Nähseide, eine Spule weißer Nähseide, ein Briefchen Sicherheitsnadeln, ein Heftchen Nähnadeln und ein Kärtchen mit einem Dutzend Druckknöpfchen. Sieben Sachen! Da freute sie sich sehr und ich war stolz wie der Kaiser von Annam.

Oder ihr fällt jener Weihnachtsabend ein, an dem ich, nach der Bescherung, noch zu Försters Fritz, meinem besten Freund, lief, um zu sehen, was denn er bekommen hatte. Seinen Eltern gehörte das Milchgeschäft an der Ecke Jordanstraße ... Ganz plötzlich kam ich wieder nach Hause. Ich stand, als meine Mutter die Tür öffnete, blass und verstört vor ihr. Försters Fritz hatte eine Eisenbahn geschenkt bekommen und als ich damit hatte spielen wollen, hatte er mich geschlagen!

Da stand ich nun klein und ernst vor ihr und fragte, was ich tun solle. Zurückschlagen hatte ich nicht können. Er war ja mein bester Freund! Und warum er mich eigentlich geschlagen hatte, begriff ich überhaupt nicht. Was hatte ich ihm denn getan?

Damals hatte meine Mutter zu mir gesagt: „Es war richtig, dass du nicht zurückgeschlagen hast! Einen Freund, der uns haut, sollen wir nicht auch prügeln, sondern mit Verachtung strafen."

„Mit Verachtung strafen?" Ich machte kehrt.

„Wo willst du denn hin?", fragte meine Mutter.

„Wieder zurück!", erklärte ich energisch. „Ihn mit Verachtung strafen!" Und so ging ich wieder zu Försters und verbrachte den Rest des Abends damit, meinen Freund Fritz gehörig zu verachten. Leider weiß ich nicht mehr, wie ich das im Einzelnen gemacht habe. Schade. Sonst

könnte ich euch das Rezept verraten.

Oder meine Mutter wird an einen anderen Heiligabend denken, der nicht ganz so weit zurückliegt. Es sind höchstens zwanzig Jahre her – da gingen wir, nach unserer Bescherung, an den Albertplatz zu Tante Lina, um dabeizusein, wenn der kleine Franz beschert bekäme. Franz war das Kind meiner früh verstorbenen Base Dora.

Ich war damals ungefähr fünfundzwanzig Jahre alt. Und plötzlich sagte Tante Lina, der Weihnachtsmann, der zum kleinen Franz hätte kommen sollen, habe in letzter Minute wegen Überlastung abtelefoniert und ich müsse ihn unbedingt vertreten! Sie zogen mir einen umgewendeten Pelz an, hängten mir einen großen weißen Bart aus Watte um, drückten mir einen Sack mit Äpfeln und Haselnüssen in die Hand und stießen mich in das Zimmer, wo Franz, der kleine Knirps, neugierig und etwas ängstlich auf den richtigen Weihnachtsmann wartete. Als ich ihn mit kellertiefer Stimme fragte, ob er auch gut gefolgt habe, antwortete er: Oja, das habe er schon getan. Und dann kitzelte mich der alberne Wattebart

derartig in der Nase, dass ich laut niesen musste.

Und der kleine Franz sagte höflich: „Prost, Onkel Erich!" Er hatte den Schwindel von Anfang an durchschaut und hatte nur geschwiegen, um uns Erwachsenen den Spaß nicht zu verderben.

Meine Mutter in Dresden wird also an vergangene glücklichere Weihnachten denken. Und ich in München werde es auch tun.

Erinnerungen an schönere Zeiten sind kostbar wie alte goldene Münzen. Erinnerungen sind der einzige Besitz, den uns niemand stehlen kann und der, wenn wir sonst alles verloren haben, nicht mitverbrannt ist. Merkt euch das! Vergesst es nie! Während ich am Schreibtisch sitze, werden meiner Mutter vielleicht die Ohren klingeln. Da wird sie lächeln und meine Fotografien anblicken, ihnen zunicken und flüstern: „Ich weiß schon, mein Junge, du denkst an mich."

Limettenkipferl

FÜR CA. 70 STÜCK

200 g kalte Butter

90 g Puderzucker

1 Päckchen Vanillezucker

1 Eigelb

1 Prise Salz

abgeriebene Schale von **½** Bio-Limette

300 g Mehl

50 g gemahlene Mandeln

50 g gemahlene Pistazien

Zum Wälzen

abgeriebene Schale von **1** Bio-Limette

50 g Zucker

50 g Puderzucker

Alle Zutaten zu einem Teig zusammenkneten. In drei Portionen teilen und je in Frischhaltefolie wickeln. 3 Stunden kalt stellen.

Aus dem Teig Kipferl formen und auf ein mit Backpapier belegtes Backblech legen. Im Ofen bei 170° (Ober-/Unterhitze, zweite Schiene von unten) 10 bis 12 Minuten backen.

Limettenschale mit Zucker und Puderzucker in einer kleinen Schale vermischen. Die Kipferl noch warm darin wälzen, bis sie von allen Seiten bedeckt sind. Abkühlen lassen.

Dörte Hansen

MITTAGSSTUNDE

Der stille Frost hielt an bis Heiligabend. Am Nachmittag, als schon die Sonne sank und auf dem Mergelschacht kein Kind mehr war, ging Ella Feddersen die Dorfchaussee entlang, Schlittschuhe über ihrer Schulter, bog dann ab in Richtung Westerende. Sie traf auf den verschneiten Wegen niemanden, in manchen Stuben wurden schon die Kerzen angezündet, und aus der Kirche hörte man, ein bisschen heiser und verstimmt, die Orgel und das Singen der Gemeinde. *Es ist ein Ros entsprungen.* Ahlers musste heute nicht vor leeren Bänken predigen, zu Weihnachten war Brinkebüll ein bisschen frommer. Die kahlen Bäume standen schwarz wie Scherenschnitte vor dem Abendhimmel, Eiszapfen hingen an den schneebedeckten Dächern. Das Dorf stand still, wie feingemacht, als stünde es Modell für einen Maler oder Fotografen. Das alte Brinkebüll, ein Bild zum Andenken.

In ihrem langen grünen Mantel, ohne Mütze, ohne Schal, ging Ella Feddersen zum Mergelschacht, sie setzte sich auf eine alte Kiste, die die Kinder sich als Bank hierhergeschoben hatten, zog sich die Schlittschuhstiefel an und fuhr dann vorsichtig die kleine Böschung hinunter. Lief immer geradeaus, bis sie zur Mitte kam, vom Ufer weit entfernt, bis nur noch ihre Silhouette zu erkennen war. Eine große, aufrechte Gestalt, die jetzt begann, in weiten Bögen übers Eis zu gleiten. Ruhig und sicher zog sie ihre Kreise, in der Dämmerung sah es wie ein Schweben aus, sie drehte sich zu einer Melodie, die nur sie selber hörte. Es war sehr still im Dorf, ein Hofhund bellte tief und monoton, er schien zu wissen, dass es zwecklos war, es würde niemand kommen, um ihn loszubinden. Er bellte trotzdem weiter. Ein schmaler Mond am Himmel, nur ein Silberdraht.

Sie sah den Wanderer, als sie kurz stehenblieb, um ihre Stiefel nachzuschnüren. Eine hagere Gestalt mit beiden Händen in den Manteltaschen, sie wusste gleich, dass er es war. Er hatte wohl schon eine Weile dort gestanden. Tat, was er immer tat, an jedem Tag, zu jeder Jahreszeit. Ging durch die Feldmark, drehte seine Runden um das Dorf, den Blick gesenkt, auch wenn er auf verschneiten Koppeln gar nichts finden konnte. Steensen auf den Feldern, unverrückbarer als seine Findlinge, die von den Baumaschinen weggeschoben worden waren. Jetzt stand er regungslos am Rand des Mergelschachts, er hatte ihre Kufen auf dem Eis gehört. Gleich gewusst, dass sie es war. Sie standen still, weiß atmend, bis er seine Hand hob und sie oben ließ, ein paar Sekunden lang. Dann drehte er sich um und ging mit schnellen Schritten weiter, seinen Blick gesenkt.

Sönke war schon bei den Kühen, als sie kam, sie zog sich um und ging dann in den Stall. Sie waren eingespielt beim Melken, die paar Stücke Vieh, sie brauchten dafür keine Stunde. Dann setzten sie sich an den Küchentisch und aßen Suppe, auf-

gewärmt, von Wischers Silberhochzeit übrig. Kein Weihnachtsbaum, auch kein Geschenk und keine frommen Lieder, lange schon nicht mehr. Sie taten so, als wäre es ein Tag wie jeder andere, er war aber zu still. Es war der eine Tag im Jahr, an dem die Gastwirtschaft geschlossen hatte, und jetzt war nicht mal Marret da. Sie wussten nicht mehr, wie das ging, zu zweit an einem Tisch. Sie wussten nicht, wohin mit sich, sie konnten ja nicht sprechen.

„Laat uns man een Stück danzen", sagte er, als sie die Teller spülen wollte, und sie schoben in der Gaststube die Tische aus dem Weg. Dann ging er zur Musikbox, warf ein Markstück ein und wählte Schneewalzer. „Mi dünkt, dat passt."

Sie waren gute Walzertänzer, immer schon gewesen. Bei jedem Fest, wenn sie zum Ehrentanz gebeten wurden, sah man es, *een schmucke Poor*. Sie wussten es sogar, sie spürten es dann selbst. Nur dann. Als wäre die Musik ihre Gebrauchsanweisung füreinander, die ihnen sagte, was sie machen mussten: an den Händen fassen, sich beim Drehen halten, in den Armen wiegen, die Gesichter aneinanderlegen. Auch mal lächeln. In die Augen sehen ab und zu. Sie schienen die Musik zu brauchen, um ein Paar zu sein, sie war ein Seil, das sie zusammenhielt. Langsamer Walzer hielt am besten.

Sönke ging noch einmal zur Musikbox, wählte Heidi Brühl. *Wir wollen niemals auseinandergehn, wir wollen immer zueinander stehn ...* Sie tanzten, hielten sich so wie ein Paar und waren trotzdem froh, als wenig später Hanni Thomsen an die Fensterscheibe klopfte. Halb betrunken und so einsam, dass er Heiligabend mit dem Mofa in die Kneipe fahren musste, weil er es allein nicht aushielt.

Heinrich Heine

Altes Kaminstück

Draußen ziehen weiße Flocken
Durch die Nacht, der Sturm ist laut;
Hier im Stübchen ist es trocken,
Warm und einsam, stillvertraut.

Sinnend sitz ich auf dem Sessel,
An dem knisternden Kamin,
Kochend summt der Wasserkessel
Längst verklungne Melodien.

Und ein Kätzchen sitzt daneben,
Wärmt die Pfötchen an der Glut;
Und die Flammen schweben, weben,
Wundersam wird mir zumut'.

Dämmernd kommt heraufgestiegen
Manche längst vergess'ne Zeit,
Wie mit bunten Maskenzügen
Und verblichner Herrlichkeit.

Schöne Frau'n, mit kluger Miene,
Winken süßgeheimnißvoll,
Und dazwischen Harlequine
Springen, lachen, lustigtoll.

Ferne grüßen Marmorgötter,
Traumhaft neben ihnen stehn
Mährchenblumen, deren Blätter
In dem Mondenlichte wehn.

Wackelnd kommt herbeigeschwommen
Manches alte Zauberschloß;
Hintendrein geritten kommen
Blanke Ritter, Knappentroß.

Und das alles zieht vorüber,
Schattenhastig übereilt –
Ach! da kocht der Kessel über,
Und das nasse Kätzchen heult.

F. Scott Fitzgerald

EIN GLÜCKLOSER WEIHNACHTSMANN

Schuld an der ganzen Sache war Miss Harmon. Ohne ihren törichten Einfall hätte Talbot sich nicht lächerlich gemacht und – aber ich greife vor.

Es war Weihnachtsabend. Heilsarmee-Weihnachtsmänner mit hochroten Nasen verkündeten es durch lautes Klappern ihrer Blechlöffel an gebrechliche Pappkamine. Mit Päckchen beladene alte Junggesellen vergaßen die bange Frage, für wie viele Hausschuhe und Morgenmäntel sie sich am nächsten Tag würden bedanken müssen, und tauchten in die Atmosphäre allgemeiner freudiger Erregung ein, die das geschäftige Manhattan erfüllte.

Im Salon eines Hauses an einer sparsam beleuchteten Wohnstraße am östlichen Ende des Broadways saß die Dame, die wie gesagt die Geschichte angezettelt hatte. Sie führte ein halb frivoles, halb sentimentales Gespräch mit einem tadellos gekleideten jungen Mann, der neben ihr auf dem Sofa saß – dies übrigens in allen Ehren, denn sie waren verlobt und wollten im Juni heiraten.

„Harry Talbot", sagte Dorothy Harmon, stand auf und lachte dem heiteren jungen Herrn ins Gesicht. „Wenn du nicht der unmöglichste Junge bist, der mir je begegnet ist, esse ich die ganze Schachtel mit den grässlichen Pralinen leer, die du mir letzte Woche mitgebracht hast."

„Man sollte Geschenke stets an der Einstellung des Schenkenden messen. Diese Pralinen haben mich eine Stange schwer verdientes Geld gekostet."

„Schwer verdientes Geld? Es darf gelacht werden", spottete Dorothy. „Dir ist ja wohl klar, dass du dein Lebtag noch keinen Cent verdient hast. Golfen und Tanzen – das ist alles, womit du dich ernsthaft beschäftigst. Du kriegst es ja nicht mal fertig, Geld auszugeben, vom Verdienen ganz zu schweigen."

„Meine liebe Dorothy, ich habe letzten Monat ein anständiges Sümmchen an Schulden zusammengebracht, wie dir mein alter Herr bestätigen könnte."

„Das nenne ich nicht Geld ausgeben, sondern verschleudern. Ich glaube, du könntest keine fünfundzwanzig Dollar auf vernünftige Art verschenken, und wenn es um deinen Kopf ginge."

„Aber warum sollte ich fünfundzwanzig Dollar verschenken?", protestierte Harry.

„Weil das echte Nächstenliebe wäre", erklärte Dorothy. „Einen Schreibsekretär deinem Vater in Rechnung zu stellen und an mich schicken zu lassen bedeutet gar nichts, Geld an Fremde zu verschenken aber sehr wohl."

„Geld verschenken kann doch jeder Trottel", murrte Harry.

„Meinst du? Ich glaube nicht, dass du im Lauf eines Abends fünfundzwanzig Dollar verschenken könntest, selbst wenn du wolltest."

„Natürlich könnte ich."

„Dann versuch's." Dorothy lief in die Diele, holte ihm Mantel und Hut und drückte ihm trotz seines Sträubens beides in die Hand. „Es ist jetzt halb neun. Um zehn bist du wieder hier."

„Aber … aber …", stotterte Harry.

Dorothy schob ihn zur Tür.

„Wie viel Geld hast du?", fragte sie.

Harry holte verdrossen eine Handvoll Geld aus der Tasche und zählte. „Genau fünfundzwanzig Dollar und fünf Cents."

„Sehr schön. Jetzt hör genau zu, das sind die Bedingungen: Du gehst los und gibst dieses Geld irgendwelchen Unbekannten, aber nicht mehr als zwei Dollar pro Person. Um zehn kommst du wieder und hast nicht mehr als fünf Cents in der Tasche."

„Aber ich brauche diese fünfundzwanzig Dollar", erklärte Harry, der immer weiter zur Tür gedrängt wurde.

„Ich muss mich doch sehr über dich wundern, Harry", sagte Dorothy sanft und schlug ihm die Tür vor der Nase zu.

„Eine blödsinnige Idee, alles, was recht ist", murrte Harry.

Er ging die Treppe hinunter und hielt inne. Wohin jetzt?

Er überlegte einen Augenblick, dann lief er in Richtung Broadway. Er hatte einen halben Block hinter sich, als ein Herr mit Zylinder auf ihn zukam. Harry blieb stehen, dann gab er sich einen Ruck, ging auf den Mann zu und sagte mit einem liebenswürdig gemeinten Lachen, das mehr wie ein Gurgeln klang: „Frohe Weihnachten, mein Freund."

„Danke gleichfalls", sagte der Zylinder und wollte weitergehen, aber Harry ließ sich nicht abwimmeln.

„Mein guter Mann ..." Er räusperte sich. „Darf ich Ihnen etwas Geld geben?"

„Was?", fuhr der Angesprochene auf.

„Sie brauchen ja vielleicht Geld, um ... äh ... den lieben Kleinen ... eine Flickenpuppe zu kaufen." Damit, fand er, hatte er glänzend die Kurve gekriegt.

Prompt flog sein Hut in die Gosse, und als er ihn aufhob, war der Mann schon weit weg.

„Fünf Minuten vergeudet", murrte Harry, während er, von Zorn auf Dorothy erfüllt, seinen Weg fortsetzte. Bei seinem nächsten Versuch würde er anders vorgehen, sich höflicher ausdrücken.

Ein Pärchen kam auf ihn zu – eine junge Dame mit ihrem Begleiter. Harry stellte sich ihnen in den Weg und nahm den Hut ab.

„Weil Weihnachten ist und alle dies oder jenes verschenken, hab ich gedacht ..."

„Gib ihm einen Dollar, Billy, damit wir weiterkommen", sagte die junge Dame.

Billy drückte Harry gehorsam einen Dollar in die Hand, und die junge Dame stieß überrascht hervor: „Wenn das nicht Harry Talbot ist, der hier bettelt!"

Aber das hörte Harry schon nicht mehr.

Als er begriffen hatte, dass die junge Dame eine Bekannte war, drehte er sich um, schoss wie ein Pfeil die Straße hoch und verfluchte seinen Leichtsinn, sich auf die Sache eingelassen zu haben.

Er kam zum Broadway, schritt langsam über die breite Straße mit ihren vielen bunten Lichtern und beschloss, das Geld den Gassenjungen zu geben, die hier herumliefen. Um ihn herum war alles in festlicher Vorfreude. Es wimmelte von Passanten, die sich in dem erhebenden Gefühl ihrer eigenen Freigebigkeit eins mit ihren Mitmenschen wussten. Harry kam sich, ziellos weiterschlendernd, seltsam fehl am Platz vor. Er war es gewohnt, sich bedienen und bedienern zu lassen, hier aber sprach niemand ihn an, und ein, zwei Passanten besaßen sogar die Frechheit, ihm lächelnd „Fröhliche Weihnachten" zu wünschen. Nervös wandte er sich an einen Jungen, der gerade an ihm vorbeilief.

„Hör mal, Kleiner, ich geb dir ein bisschen Geld."

„Ich will Ihr Geld nicht", sagte der Junge patzig.

Ziemlich kleinlaut ging Harry weiter. Er versuchte, einem Betrunkenen fünfzig Cents zu schenken, aber ein Polizist tippte ihm auf die Schulter und bedeutete ihm, er möge weitergehen. Vor einem zerlumpten Individuum blieb Harry stehen und flüsterte: „Wollen Sie Geld?"

„Klar", sagte der Tramp. „Was soll ich machen?"

„Gar nichts", versicherte Harry.

„Sie wollen mich wohl veräppeln", grollte der Tramp. „Da suchen Sie sich mal 'n anderen." Rasch mischte er sich unter die Menge. Jetzt versuchte Harry, einem vorüberkommenden Pagen zehn Cents in die Hand zu drücken, aber der machte seinen Mantel auf und zeigte auf ein Schild „Keine Trinkgelder". Verstohlen wie ein Dieb näherte sich Harry einem italienischen Schuhputzer und legte ihm vorsichtig zehn Cents in die Hand. Aus sicherer Entfernung beobachtete er, wie der Junge verwundert den Dime einsteckte, und beglückwünschte sich. Jetzt brauchte er nur noch vierundzwanzig Dollar und neunzig Cents zu verschenken. Sein jüngster Erfolg brachte ihn auf eine Idee. Er machte vor einem Zeitungsstand halt,

ließ vor den Augen des Verkäufers einen Zwei-Dollar-Schein fallen und setzte sich in Trab. Nach einem gekonnten Sprint verlangsamte er unter den befremdeten Blicken der mit Paketen beladenen Passanten den Schritt und klopfte sich im Geist schon auf den Rücken, als er hinter sich rasche Atemzüge hörte, und ebenjener Zeitungsboy, vor dem er gerade davongelaufen war, drückte ihm den Geldschein in die Hand und war blitzschnell wieder verschwunden. Der Schweiß rann Harry von der Stirn. Bedrückt schleppte er sich weiter. Fünfundzwanzig Cents wurde er in einer Sammelbüchse für die Kinderhilfe los. Er hätte gern fünfzig Cents hineingesteckt, aber der Schlitz war zu klein. Seine erste größere Summe waren zwei Dollar für einen Heilsarmee-Weihnachtsmann. Danach hielt er nach weiteren Mitgliedern dieser Zunft Ausschau, aber die hatten offenbar alle schon Feierabend gemacht.

Er überquerte den Union Square, und nach einer halben Stunde geduldiger Mühen hatte er nur noch fünfzehn Dollar zu vergeben. Es schneite nasse Flocken, die auf

den Gehsteigen zu Matsch wurden, und seine dünnen Tanzschuhe waren durchweicht, bei jedem Schritt quoll das Wasser heraus. Am Cooper Square bog er in die Bowery ab. Die Straßen leerten sich rasch, die Geschäfte schlossen, ihre Besitzer gingen heim. Ein paar Jungen johlten, als sie ihn sahen, aber er schlug den Mantelkragen hoch und trottete weiter. In seinen Ohren hallte in leicht spöttischem, aber gütigem Tonfall der Bibelspruch „Geben ist seliger denn Nehmen".

Er ging die Third Avenue hoch und zählte sein restliches Geld – drei Dollar und siebzig Cents. Durch das dichter werdende Schneetreiben sah er zwei Männer unter einem Laternenpfahl stehen. Das war seine Chance. Er würde seine drei Dollar und siebzig Cents unter ihnen aufteilen. Er ging auf sie zu und tippte einem auf die Schulter. Der, ein hagerer, bedrohlich wirkender Kerl, drehte sich misstrauisch um.

„Hier, Bursche, nimm", sagte Harry gebieterisch, denn er grollte der Menschheit im Allgemeinen und Dorothy im Besonderen. Der Mann fuhr wütend herum.

„Du bist einer von diesen Typen, die es mit der Wohltätigkeitsmasche versuchen, um uns wegen Bettelei ranzukriegen. Los, Jim, zeig ihm, wer wir sind."

Und sie zeigten es ihm. Sie prügelten ihn, sie droschen auf ihn ein, sie rissen ihn zu Boden und trampelten auf ihm herum, sie zertraten seinen Hut und zerrissen seinen Mantel, bis Harry keuchend und um sich schlagend im Matsch lag. Er dachte an die Menschen, die ihm an diesem Abend Fröhliche Weihnachten gewünscht hatten. Ein frommer Wunsch!

Miss Dorothy Harmon schlug geräuschvoll ihr Buch zu. Nach elf – und kein Harry in Sicht. Wo steckte er nur? Wahrscheinlich hat er aufgegeben und ist längst zu Hause, dachte sie und streckte die Hand aus, um das Licht auszumachen, als sie draußen ein Geräusch hörte, als sei jemand gestürzt.

Dorothy eilte zum Fenster und zog das Rouleau hoch. Auf Händen und Knien schleppte sich das elende Zerrbild eines Mannes die Stufen hoch, ein Mann ohne Hut, ohne Mantel, ohne Kragen, ohne Schlips und voller Schnee – Harry. Er machte die Tür auf und betrat den Salon, eine nasse Schneespur hinter sich herziehend.

„Na?", sagte er herausfordernd.

„Harry", stieß sie hervor, „bist du es wirklich?"

„Dorothy", sagte er feierlich, „ich bin's."

„Was … was ist passiert?"

„Ach, nichts Besonderes. Ich hab nur diese fünfundzwanzig Dollar verschenkt." Damit setzte er sich aufs Sofa.

„Aber Harry … dein Auge ist ja ganz geschwollen."

„Mein Auge? Mal überlegen. Das war beim zweiundzwanzigsten Dollar. Ich hatte ein kleines Problem mit zwei Herren, aber hinterher haben wir uns richtig angefreundet. Danach hatte ich Glück und bin zwei Dollar in den Hut eines blinden Bettlers losgeworden."

„Du hast den ganzen Abend gebraucht, um das Geld zu verschenken?"

„Meine liebe Dorothy, ich habe in der Tat den ganzen Abend gebraucht, um das Geld zu verschenken." Er stand auf und streifte einen Batzen Schnee von der Schulter. „Aber jetzt muss ich los. Draußen warten zwei … äh … Freunde auf mich." Er ging zur Tür.

„Zwei Freunde?"

„Es sind die beiden, mit denen ich mein kleines Problem hatte. Sie werden mit mir zusammen Weihnachten feiern. Es sind im Grunde sympathische Burschen, wenn auch zuerst ein bisschen rüde."

Dorothy schnappte nach Luft. Eine Minute blieb es ganz still. Dann nahm er sie in die Arme.

„Liebster", flüsterte sie, „das alles hast du für mich getan."

Gleich darauf sprang er die Stufen herunter und verschwand Arm in Arm mit seinen Freunden in der Dunkelheit.

„Gute Nacht, Dorothy", rief er über die Schulter. „Und fröhliche Weihnachten."

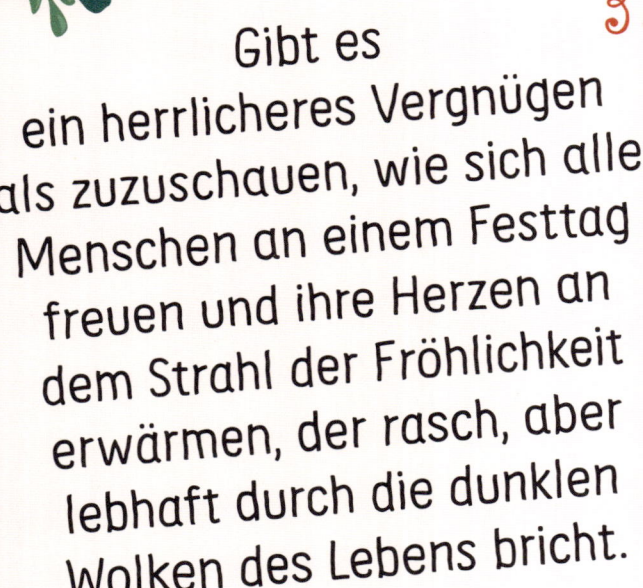

Gibt es
ein herrlicheres Vergnügen
als zuzuschauen, wie sich alle
Menschen an einem Festtag
freuen und ihre Herzen an
dem Strahl der Fröhlichkeit
erwärmen, der rasch, aber
lebhaft durch die dunklen
Wolken des Lebens bricht.

Jean-Jacques Rousseau

Karen Duve

WEIHNACHTEN MIT THOMAS MÜLLER

Ein Stern fiel vom Himmel, und niemand sah es außer einem Bären und einer Katze. Sie saßen auf dem Rand eines Brunnens, der vor dem Burger-King-Laden in der Hamburger Mönckebergstraße stand. Der Burger King hatte bereits geschlossen, weil Heiligabend war.

Der Bär hieß Thomas Müller und war kein richtiger Bär, bloß ein Stoffbär – noch dazu ein ziemlich ramponiertes Exemplar, das um die Ohren herum reichlich abgeliebt und abgewetzt aussah. Als er die Sternschnuppe entdeckte, wünschte er sich, daß jemand kommen und ihn holen sollte, denn er war ein verloren gegangener Bär. Er war mit der Familie Wortmann in einem Ford Kombi in die Stadt gefahren, mit Herrn Wortmann und Frau Wortmann und Marc Wortmann, der zwar erst sechs Jahre alt, aber trotzdem der Hauptverantwortliche für den Stoffbären war. Familie Wortmann kaufte immer alle Weihnachtsgeschenke auf den allerletzten Drücker. Sie mochten das, wenn es in den Geschäften richtig voll und hektisch war. Sie waren ins Spiel- und Sporthaus Karstadt gegangen.

Marc Wortmann hatte Thomas Müller mit sich herumgeschleppt und irgendwann – vermutlich, als Marc Wortmann die Turnschuhe mit dem integrierten Diskolicht auf der Ferse entdeckte – hatte er ihn fallen lassen und vergessen. So etwas kommt vor. Der Bär hatte versucht, die Familie wieder einzuholen, aber er war schlecht zu Fuß, und nachdem er eine Stunde lang durch die Mönckebergstraße geirrt war, ging er zum Taxistand und stieg in ein Taxi, auf dessen Kofferraum die Forderung TODESSTRAFE FÜR TAXIMÖRDER klebte.

„Servus", sagte Thomas Müller zu dem Taxifahrer, „wären Sie wohl so freundlich, mich nach Hanstedt zu fahren, und zwar in die Dasselstraße 32, und auch für mich zu läuten? Ich reiche nämlich nicht bis an den Klingelknopf."

„Das is' 'ne Ferntour", sagte der Taxifahrer, der ein Gesicht wie von einer Gemüseausstellung hatte. „Bei Ferntouren kassier' ich immer im voraus."

„Oh", sagte Thomas Müller, denn er hatte nicht damit gerechnet, daß er für eine Taxifahrt bezahlen müßte. Er bekam bloß zwan-

zig Pfennig Taschengeld im Monat, und die steckte er immer in sein Sparschwein, weil er keine Kleider trug und in seinem Fell keine Taschen waren. „Könnten Sie mich nicht ausnahmsweise umsonst fahren?" „Was", schrie der Taxifahrer. „Du hast gar kein Geld und willst mit mir nach Hanstedt?" Er sprang aus seinem Auto und trommelte die anderen Taxifahrer, die hinter ihm gewartet hatten, zusammen. Gemeinsam zerrten sie Thomas Müller aus dem Auto und verpaßten ihm eine Abreibung. Zum Schluß gab ihm einer noch einen Tritt, daß er im hohen Bogen in den Brunnen neben dem Taxiplatz flog.

„Der macht bestimmt nie wieder Zahlungsschwierigkeiten", sagten sie und lachten so böse, wie nur Taxifahrer böse lachen können. Der Bär konnte zum Glück schwimmen und zog sich wieder aus dem Brunnen heraus. Aber es war sehr kalt, sein Fell war naß und wurde erst filzig, und dann bildeten sich kleine Eiszapfen darin, und er fror am Brunnenrand fest. Es war ihm zu peinlich, jemanden um Hilfe zu bitten, weil alle Leute so beschäftigt und genervt

aussahen, und darum saß er immer noch festgefroren auf dem Brunnenrand, als die Kaufhäuser dicht machten und die Taxis weggefahren waren und alle Leute nach Hause gegangen waren, um Spekulatius zu essen und die letzten Geschenke einzupacken, falls die nicht schon von den Verkäuferinnen von Douglas eingepackt worden waren, die das ja viel besser können. Zu allem Überfluß hatte Thomas Müller auch noch Wasser in die Ohren bekommen und hörte schlecht und hatte keine Finger, mit denen er sich hätte in den Ohren bohren können. Dann, als es richtig dunkel wurde, war diese ziemlich gefährlich aussehende Katze aufgetaucht. Es war eine Wanderkatze, und sie setzte sich einen Meter von Thomas Müller entfernt auf den Brunnenrand und starrte ihn aus phosphoreszierenden Augen an. Der Bär dachte, daß die Katze auf gar keinen Fall merken dürfte, daß er festgefroren und hilflos war, und darum schlenkerte er mit den Beinen und pfiff sich eins. Dann räusperte er sich und sagte: „Ein nettes Plätzchen hier, nicht wahr? Und so bequem."

Die Katze antwortete nicht und starrte ihn bloß weiter an. So saßen sie wieder eine Weile schweigend, Thomas Müller pfiff ab und zu, und dann fiel der Stern vom Himmel.

„Was hast du dir gewünscht", fragte Thomas Müller, nachdem er seinen Wunsch getan hatte. „Wenn man eine Sternschnuppe sieht, kann man sich nämlich etwas wünschen."

„Firlefanz", fauchte die Katze, „Was du da eben gesehen hast, war ein Meteorit, der in der Erdatmosphäre verglüht ist. Vielleicht war es auch nur ein Stück von einem Meteoriten. Jedenfalls gehen deswegen keine Wünsche in Erfüllung."

„Ach so! Wie klug du bist", sagte der Bär und war froh, dass die Katze endlich gesprochen hatte, und dachte: Was mag das bloß sein – Erdatmosphäre und Meteorit.

„Ich heiße übrigens Thomas Müller", fuhr er fort, bemüht, das Gespräch nicht abbrechen zu lassen.

„Das paßt! Genauso siehst du aus", sagte die Katze.

„Wie heißt du denn?"

„Mein Alltagsname oder mein Geheimname?" fragte die Wanderkatze zurück.

„Hast du denn zwei Namen?"

„Jedes Tier hat zwei Namen."

„Ich auch?" fragte Thomas Müller.

„Selbstverständlich."

„Und wie ist mein Geheimname?"

„Das mußt du selbst herausfinden", sagte die Wanderkatze. Thomas Müller sah auf seine filzigen Füße mit den Eiszapfen daran. Dann sagte er: „Ich glaube, mit Geheimnamen heiße ich auch Thomas Müller."

Sie schwiegen wieder eine Weile, bis der Bär die Katze noch einmal fragte: „Wie ist denn jetzt dein Name?"

„Nenn mich Panther. Panther, Kaiser über alle Wanderkatzen."

„Oh, Sandra Kaiser, das ist aber ein schöner Name", sagte Thomas Müller, der immer noch Wasser in den Ohren hatte.

Die Katze seufzte, fand es aber unter ihrer Würde, das Mißverständnis aufzuklären.

„Warum sitzt du hier eigentlich", fragte sie.

„Ich bin verlorengegangen. Aus Versehen. So etwas kann schon mal passieren. Aber bald kommt jemand, um mich zu holen. Du wirst sehen, es dauert nicht mehr lange."

„Wie lange sitzt du denn schon hier?"

„Vier Stunden", sagte Thomas Müller. Eine Träne lief über seine Plüschnase, blieb kurz an seiner Nase hängen und fiel auf seinen Fuß. Dann schluchzte er heftig los.

„Und außerdem – huhuhu – bin ich festgefroren", preßte er heraus.

„Du brauchst nicht zu weinen, bloß weil deine Leute nichts mehr von dir wissen wollen", sagte Sandra Kaiser, „du kannst mit mir kommen."

Sie wetzte die rechte Zeigekralle am Brunnenrand, und dann sägte sie das Fell des Bären an den Stellen ab, an denen es angefroren war.

Thomas Müller sprang zu Boden. Er schnüffelte.

„Vielleicht holen sie mich morgen."

„Niemals", sagte Sandra Kaiser, „die sitzen jetzt vergnügt unterm Weihnachtsbaum und packen Geschenke aus und denken nicht mal an dich. Vermutlich haben sie gleich einen neuen Stoffbären gekauft, als sie gemerkt haben, daß du verlorengegangen bist. Einen mit Brummstimme und Klingel in der Pfote und ganz weichem Fell."

„Ich will nach Hause", schrie Thomas Müller und schluchzte immer heftiger, „hier ist es so dunkel und so kalt, und außerdem bin ich gewohnt, regelmäßig alle zwei Stunden was zu essen. Brötchen mit Schokoladenflocken zum Beispiel oder Gewürzgurken."

„Wo wohnst du denn?" fragte die Katze. „Wenn es nicht zu weit ist, werde ich dich nach Hause bringen. Weißt du noch, aus welcher Richtung ihr gekommen seid?"

„Ich glaube, wir sind von rechts gekommen", sagte der Bär, „aber vielleicht sind wir auch von links gekommen. Ist das wichtig?"

„Wie man's nimmt; wenn wir in die falsche Richtung gehen, dann müssen wir erst einmal rund um die Erde laufen, bevor wir zu dir nach Hause kommen."

„Ist das weit?"

„Nicht sehr. Wenn wir bei den Chinesen sind, haben wir schon den halben Weg geschafft."

„Das ist gut", sagte Thomas Müller.

Sie marschierten los. Ein eisiger Wind pfiff ihnen entgegen. Als sie die Elbbrücken erreichten, fing es an zu schneien.

„Ich kann nicht mehr", sagte Thomas Müller, „meine Pfoten sind schon ganz durchgewetzt. Gleich kommt Holzwolle raus. Ich bin völlig fertig."

„Wer jammert, hat noch Reserven", sagte Sandra Kaiser und ging einfach weiter.

Es schneite immer heftiger. Plötzlich tauchten zwei einsame Scheinwerfer auf und blendeten den Bär und die Katze. Ein Auto hielt neben ihnen, und ein junger Mann beugte sich aus dem Fenster und sagte:

„Wir fahren in die Stadt. Sollen wir euch mitnehmen?"

„Ja", sagte Thomas Müller, „ich will nach Hanstedt."

Der Mann zog seinen Kopf wieder zurück und beriet sich kurz mit der Frau, die am Steuer saß. Dann beugte er sich wieder raus und sagte:

„Da kommen wir zwar gerade her, aber wir drehen eben wieder um und fahren euch schnell hin."

Er machte die hintere Tür auf, wo zwei Mädchen saßen, von denen das kleinere dick wie eine Made war.

Thomas Müller und Sandra Kaiser stiegen ein und bedankten sich.

„Ich bin Ulrike", sagte die Fahrerin, „und das ist Oskar."

„Ich bin ich", sagte das ältere der Mädchen, „und der heißt gar nicht Oskar, sondern Olli."

Das Madenkind schlief und sagte gar nichts.

„Dasselstraße 32", sagte der Stoffbär, „aber ich sag's gleich, daß ich kein Geld hab'."

Oskar und Ulrike sahen ihn erstaunt an.

„Achtet einfach nicht auf ihn", sagte die Katze, „mein Kumpel hatte einen ziemlich schweren Tag."

Im Wagen war es mollig warm, und sie wurden schläfrig und dösten vor sich hin, bis Ulrike sich umdrehte und sagte:

„Aufwachen, wir sind da."

Sie bedankten sich artig und stiegen aus, und Oskar und Ulrike fuhren mit dem Madenkind und dem großen Kind wieder Richtung Stadt.

„Na gut, hier trennen sich dann also unsere Wege", sagte Sandra Kaiser und sah sehr dünn, sehr grau und sehr einsam aus.

„Ich dachte, du kommst mit rein. Auf einen Kaffee oder so", sagte der Bär.

„Nein, das geht nicht", sagte die Katze, „schließlich bin ich eine Wanderkatze, schließlich bin ich Panther, der Kaiser aller Wanderkatzen. So ein Name verpflichtet."

„Versteh' ich nicht", sagte Thomas Müller, dem das Wasser im Ohr immer noch zu schaffen machte, „warum sollst du nicht mit hier wohnen können, bloß weil du Sandra Kaiser heißt?"

In diesem Augenblick ging die Haustür auf, und Frau Wortmann kam heraus.

„Seht nur, Thomas Müller ist wieder da", rief sie. „Ich habe es doch gleich gewußt, als ich die Stimmen gehört habe."

Jetzt kamen auch Herr Wortmann und Marc Wortmann angerannt und riefen: „Thomas Müller ist wieder da. Thomas Müller ist wieder da."

„Wir haben uns solche Sorgen gemacht", sagte Frau Wortmann, „wir haben sogar die Polizei angerufen."

„Ich habe mir am meisten Sorgen gemacht", sagte Marc Wortmann und nahm Thomas Müller auf den Arm, „ich wäre nie mehr froh geworden."

„Habt ihr schon angefangen, die Geschen-ke auszupacken", fragte der Stoffbär.

„Natürlich nicht", sagte Frau Wortmann, „wir würden nie ohne dich anfangen."

Jetzt entdeckten sie auch die Katze.

„Das ist Sandra Kaiser", stellte der Bär vor, und alle gaben Sandra Kaiser die Hand, und dann gingen sie alle miteinander ins Haus hinein. Frau Wortmann wollte ihnen erst ein heißes Bad einlaufen lassen, aber Thomas Müller sagte, daß er sich kräftig genug fühle, um gleich mit der Bescherung anzufangen. Thomas Müller, Sandra Kaiser und Marc Wortmann mußten im Kinder-zimmer warten, während Herr Wortmann im Wohnzimmer die Kerzen anzündete. Frau Wortmann schlich ihm hinterher und sagte: „Wir haben doch gar kein Geschenk für die Wanderkatze. Macht es dir etwas aus, mein Lieber, wenn du dieses Jahr ein Geschenk weniger bekommst und ich es dafür Sandra Kaiser gebe?"

„Aber überhaupt nicht", sagte Herr Wort-mann und gab seiner Frau einen Kuß, „du mußt mir nur versprechen, daß es nicht ge-rade die Socken sind, denn auf die Socken habe ich mich schon so gefreut."

Als alle Kerzen brannten, läutete Frau Wortmann mit der Glocke, und der Bär, die Katze und Marc Wortmann kamen aus dem Kinderzimmer gelaufen.

„Ist das wirklich und wahrhaftig für mich", sagte Sandra Kaiser, als Frau Wortmann ihr ein großes Geschenk in silbernem Glanzpapier in die Pfoten drückte. Dann fuhr sie die Krallen aus und fetzte das Geschenkpapier herunter.

„Pocahontas-Bettwäsche! Das habe ich mir schon immer gewünscht", rief die Wanderkatze und zeigte allen die Bettwäsche mit dem Indianermädchen drauf. Herr Wortmann war ein bißchen bedrückt, weil auch er sehr gern die Pocahontas-Bettwäsche bekommen hätte, aber seine Frau flüsterte ihm zu, daß sie nach Weihnachten ja noch einmal in die Stadt fahren und die gleiche Bettwäsche auch für ihn kaufen könnten. Thomas Müller hatte ein Polizeiauto bekommen und ein Schnipp-Schnapp-Spiel. Marc Wortmann hatte die leuchtenden Turnschuhe bekommen und fünf Wrestling-Figuren und einen Haufen anderer Sachen. Frau Wortmann hatte ei-

nen Kaktus bekommen und einen Werkzeugkoffer, und Herr Wortmann freute sich über Socken und ein Dosenhuhn und die Pocahontas-Bettwäsche, die demnächst noch dazukommen würde. Nach dem Geschenkeauspacken setzten sich alle vor den Baum und sangen „Vom Himmel hoch", und dann aßen sie Printen und Marzipan, bis ihnen schlecht wurde. Da gingen sie dann ins Bett. Sandra Kaiser schlief auf dem Sofa. Thomas Müller schlief mit im Bett von Marc Wortmann, weil Marc Wortmann sonst nicht einschlafen konnte. Als Marc Wortmann eingeschlafen war, stand Thomas Müller noch einmal auf und ging ins Wohnzimmer und krabbelte zu Sandra Kaiser auf das Sofa.

„Darf ich mich an dich schmiegen", flüsterte der Bär.

„Meinetwegen", knurrte die Wanderkatze.

Thomas Müller grub seine Nase in das Fell der Katze und schnüffelte.

„Du riechst so gut."

„Ah so? Wonach denn?" fragte Sandra Kaiser.

„Nach Panther", sagte Thomas Müller und schlief ein.

Orangen-Mohn-Plätzchen

FÜR CA. 60 STÜCK

6 EL Orangensaft
225 g Butter
350 g Mehl
1 TL Backpulver
1 Prise Salz
200 g Zucker
1 Eigelb
1 Päckchen Vanillezucker
abgeriebene Schale von **1** Bio-Orange
1 EL Mohn

Außerdem:
100 g Zucker
abgeriebene Schale von **1** Bio-Orange
2 EL Mohn

Orangensaft erhitzen und auf die Hälfte einkochen lassen. 100 g Butter zugeben und darin schmelzen, Mehl, Backpulver und Salz mischen. Restliche Butter und Zucker cremig rühren. Eigelb und Orangen-Butter-Mischung zugeben, 3 Minuten untermixen. Vanillezucker und Orangenschale hinzufügen. Zum Schluss die Mehlmischung und Mohn unterrühren.

Zucker und Orangenschale mischen. Aus dem Teig ca. 2,5 cm große Bällchen formen. Mit Abstand auf ein mit Backpapier belegtes Backblech legen. Die Bällchen mit einem in den Orangenzucker getauchten Glasboden flach drücken. Die Plätzchen mit Mohn bestreuen. Im Ofen bei 180° (Ober-/Unterhitze, mittlere Schiene) etwa 10 Minuten backen.

Mascha Kaléko

Advent

Der Frost haucht zarte Häkelspitzen
Perlmuttergrau ans Scheibenglas.
Da blühn bis an die Fensterritzen
Eisblumen, Sterne, Farn und Gras.

Kristalle schaukeln von den Bäumen,
Die letzten Vögel sind entflohn.
Leis fällt der Schnee ... In unsern Träumen
Weihnachtet es seit gestern schon.

Hoffmann von Fallersleben

Der Eislauf

Der See ist zugefroren
Und hält schon seinen Mann.
Die Bahn ist wie ein Spiegel
Und glänzt uns freundlich an.

Das Wetter ist so heiter,
Die Sonne scheint so hell.
Wer will mit mir ins Freie?
Wer ist mein Mitgesell?

Da ist nicht viel zu fragen:
Wer mit will, macht sich auf.
Wir geh'n hinaus ins Freie,
Hinaus zum Schlittschuhlauf.

Was kümmert uns die Kälte?
Was kümmert uns der Schnee?
Wir wollen Schlittschuh laufen
Wohl auf dem blanken See.

Da sind wir ausgezogen
Zur Eisbahn alsobald,
Und haben uns am Ufer
Die Schlittschuh angeschnallt.

Das war ein lustig Leben
Im hellen Sonnenglanz!
Wir drehten uns und schwebten,
Als wär's ein Reigentanz.

Basteltipp: Orangenkerze

Eine Orange halbieren und das gesamte Fruchtfleisch mit einem Löffel herauslösen. Die Schalenhälften abwaschen und trocknen lassen.

Aus der einen Hälfte mit einem Plätzchenausstecher einen Stern herausstechen. Mit einem Zahnstocher kleine Löcher um den Stern herum stechen und Nelken in die Löcher stecken.

Ein Teelicht in die andere Schalenhälfte stellen und den Deckel daraufsetzen. Wenn die Kerze brennt, ergibt das nicht nur ein atmosphärisches Licht, sondern auch einen herrlich weihnachtlichen Duft.

Doris Dörrie

ZIMMER 645

Schwarze Fußspuren hinterlasse ich im jungfräulichen Schnee, und wie ein kleines Kind habe ich das überwältigende Gefühl, der allererste zu sein. Einmal erster sein. Im Augenblick bin ich überall der letzte. Der letzte in meinem Prüfungsergebnis im Steuerrecht, der letzte in der langen Schlange von Verehrern bei der schönen Monika und der letzte bei der Vergabe der Nikolauskostüme. Unter dem Massenandrang der Weihnachtseinkäufer habe ich zwei U-Bahnen verpasst, und das habe ich jetzt davon. Der rote Anzug kratzt und ist etliche Nummern zu groß, alle paar Schritte muss ich mir die Hose hochziehen, der Stoff riecht muffig nach Mottenkugeln, der Bart dafür nach Aftershave der Marke Macho oder Bullfight, die Mütze rutscht mir unangenehm über die Augen. Ich gebe eine reichlich lächerliche Figur ab als Nikolaus. Missmutig ziehe ich meinen Sack und meine Rute hinter mir her, ich habe keine Lust, kleine Kinder im Auftrag ihrer Eltern zu erschrecken und dann am Ende ein paar armselige Geschenke aus meinem Sack zu ziehen.

Kaum erblicken mich die Leute, als ich in meiner Montur aus dem Hinterhof der Nikolausagentur auf die Straße trete, strahlen sie erwartungsvoll, als wäre in ihren Gesichtern ein Lämpchen angeknipst worden. Mütter zeigen lächelnd mit dem Finger auf mich, alte Frauen nicken mir zu. Geschäftsmänner grinsen wohlwollend, nur die Kinder betrachten mich misstrauisch unter ihren verrutschten Strickmützen. Im Nikolausworkshop haben wir gelernt, uns immer vor die Kinder hinzuhocken, um sie nicht zu verschrecken, obwohl sich gerade das viele Eltern von uns wünschen. Ein dicker Maurer, der schon seit zwölf Jahren als Nikolaus unterwegs ist, erzählt mir, dass es jedes Jahr schlimmer wird. Immer öfter wird von den Eltern der Wunsch an ihn herangetragen, das Kind doch einmal so richtig zu verprügeln.

Eltern gibt es, sagt er und schnauft empört. Eltern gibt es, die gibt's gar nicht.

Meine erste Station ist Schwabing. Überteuerte Altbauwohnung, die Eltern in Pradaschuhen, die Mutter hat anthroposophische Zupfengel um den Adventskranz

im Flur aufgehängt, und die Geschenke, die sie vorsichtig in meinen Sack befördert, sind in mattes Ölpapier eingewickelt. Die Kinder heißen Josephine und Emanuel, so steht es auf meinem Zettel, und ich soll sie für ihre Selbstständigkeit loben und sie sanft ob ihrer Unordentlichkeit tadeln. Geduldig und ein wenig mitleidig hören sich die Kinder meine kleine Rede an, mit unterdrückten Seufzern packen sie ihre garantiert plastikfreien und pädagogisch wertvollen Spielzeuge aus, der Vater drückt mir an der Haustür jovial fünfzig Mark in die Hand. Hinter ihm sehe ich die kleine Josephine, die mich nachdenklich ansieht und ein wenig müde die Hand zum Gruß hebt.

Nächster Stopp Milbertshofen. Eine türkische Familie, die sich dem Weihnachtsterror gebeugt hat. Ich ziehe brav die Schuhe an der Tür aus, bin selber Türke, aufatmend wechselt die Mutter ein paar Wörter mit mir auf Türkisch und verzeiht mir meinen deutschen Akzent, sie weiß selbst nicht so genau, wie die Prozedur eigentlich abläuft, also ermahne ich die beiden Söhne in

Stentorstimme, sie sollen ihre Mutter besser behandeln, die Mutter nickt zustimmend, sie bekommen beide riesige Plastikpumpguns aus meinem Sack, und ich bekomme einen Raki.

Als ich wieder auf der Straße stehe, fängt es an zu schneien. Die Flocken tanzen im gelben Schein der Straßenbeleuchtung. Ich klingle bei Ritter auf der Schleißheimer Straße, und durch die Sprechanlage fragt mich Frau Ritter, ob ich der bestellte Nikolaus sei und in meiner Kindheit Windpocken gehabt habe. Diese etwas seltsame Frage kann ich genau beantworten, denn auf meiner Nasenwurzel ist eine kleine Windpockennarbe zurückgeblieben. Dann ist gut, sagt Frau Ritter, dritter Stock links. Und erschrecken Sie nicht.

Es öffnet mir eine zierliche Blondine Mitte Fünfzig in einem langen hellblauen Nachthemd. Ihr Gesicht ist übersät von riesigen roten Pusteln. Aus hübschen braunen Augen sieht sie mich verlegen an. Ich sehe aus wie ein Monster, klagt sie und lacht unsicher. Ein bisschen, tröste ich Sie.

Im Wohnzimmer schenkt sie mir einen Kaffee ein. Es ist sehr still. Ich sehe mich nach den Kindern um. Nein, sagt sie schnell, keine Kinder. Und mein Mann wohnt im Hotel. Im Holiday Inn. Wegen der Windpocken. Ich will nicht, dass er sich ansteckt. Er hatte sie nicht als Kind. Wir haben viel gemeinsam, müssen Sie wissen.

Sie lächelt ein wenig traurig und zerrt ein großes viereckiges Geschenk aus dem Schrank. Aber heute ist doch Nikolaus, sagt sie, und er ist so allein. In unserer ganzen Ehe waren wir keine Nacht getrennt, müssen Sie wissen.

Ich weiß nicht so recht, ob ich das wissen muss, aber ich stecke das Geschenk in meinen Sack und nehme einen Zettel von ihr entgegen, auf dem steht in Schönschreibschrift: ich muss dich wirklich loben für deine Einfühlsamkeit, Sanftheit und Geduld. Du solltest nur öfter den Abfall runtertragen. Frau Ritter kichert und hält sich schüchtern die Hand vor den Mund. Im nächsten Augenblick weint sie. Jetzt weiß ich, wie es sich anfühlen wird, wenn man alt und allein ist, sagt sie. Sie gibt mir selbstgebackene Plätzchen und macht, während ich sie noch esse, den Fernseher an.

Mit meinem Sack auf dem Rücken trotte ich die Leopoldstraße entlang zum Holiday Inn. Schneematsch spritzt von den vorbeifahrenden Autos auf mein rotes Nikolauskostüm. Im Gehen schiebe ich den Bart unters Kinn. Von dem Geruch, dem Raki, Kaffee und den Plätzchen ist mir ein wenig übel.

Nicht anmelden, sage ich zu der jungen hübschen Frau an der Rezeption. Ich beschließe, sie anschließend nach ihrer Telefonnummer zu fragen.

Zimmer 645, sagt sie lächelnd, na, das wird ja eine Überraschung.

Es dauert, bis mir geöffnet wird. Herr Ritter ist in der Unterhose. Hinter ihm sehe ich ein Stück nacktes Frauenfleisch. Dann wird die Dusche aufgedreht. Ich schiebe ihm das Geschenk durch den Türschlitz. Sage ihm auf, was ich von Frau Ritters Zettel auswendig gelernt habe: Ich muss dich loben für deine Einfühlsamkeit, Sanftheit und Geduld. Du solltest nur … Er schlägt mir die Tür vor der Nase zu.

Das war meine letzte Nikolaustat für heute. Im Fahrstuhl nehme ich mir den Bart ab, knöpfe die blöde kratzende Jacke auf. In der Lobby lachen ein paar betrunkene Vertreter über mich. Wie betäubt stehe ich in dem hellen Licht. Im Schaufenster der Hotelparfümerie steht ein großer Schokoladennikolaus mit einer goldenen Bürste in der Hand. Für sie, steht auf einem handgeschriebenen Schild darunter. Er kostet 38 Mark inklusive Bürste. Ich knöpfe mir die Jacke zu, schleppe den Sack die Leopoldstraße zurück zur Schleißheimer Straße.

Ja? sagt Frau Ritter zögerlich in die Gegensprechanlage.

Ich bin's noch mal, der Nikolaus.

Ach so, sagt sie und lässt den Türöffner schnarren.

Sie hat sich weißes Zeug auf die Pusteln getupft. Ängstlich nach vorn gebeugt sitzt sie im Sessel. Ich muss dich loben für deine Langmut, deine Geduld und Sanftheit, sage ich. Zu tadeln finde ich nichts. Überhaupt nichts.

Sie strahlt. Mein Mann und ich sind uns sehr ähnlich, sagt sie und bürstet sich mit der goldenen Bürste versuchsweise die blonden Locken. Man muss nur ab und zu ein bisschen streng mit ihm sein.

Ja, sage ich, das glaube ich auch. Und schöne Weihnachten noch. Sie nickt glücklich.

Auf der Straße schließe ich die Augen und halte mein Gesicht in den Schnee. Die Schneeflocken landen auf meinen Augenlidern, als wären sie allein schon immer ihr Ziel gewesen. Ich habe vergessen, die junge schöne Frau an der Rezeption nach ihrer Telefonnummer zu fragen. Vielleicht stapfe ich noch einmal durch den Schnee zu ihr zurück. Vielleicht.

Matt Haig
Die Kunst, auch in schlechten Zeiten fröhlich zu sein

1. Mehr Lebkuchen, Schokolade, Marmelade und Kuchen essen.

2. Das Wort „Weihnachten" laut sagen.

3. Jemandem etwas schenken: Spielzeug, ein Buch, ein paar freundliche Worte oder eine feste Umarmung.

4. Lachen, selbst wenn einem nicht zum Lachen zumute ist. Besonders dann!

5. An eine schöne Erinnerung denken. Oder an eine glückliche Zukunft.

6. Etwas Rotes anziehen.

7. An Wunder glauben.

(Auszug aus „Die Kunst des Frohsinns: Weihnachtsmanns Wegweiser zum Glück")

Joachim Meyerhoff

MARIA IN DER ZWANGSJACKE

Weihnachten war für mich der Höhepunkt des Jahres. Aber das lag nicht am harmonisierend wirkenden, selbst gefällten Tannenbaum - warm eingepackte Familie stapft durch eine verschneite Schonung. Oder an der Fonduefleisch-Orgie - Vorsicht, Kinder, mit dem heißen Öl! Und auch nicht an den Geschenken, über die ich mich natürlich freute. Nein, der weihnachtliche Höhepunkt war etwas anderes: Ich durfte meinen Vater auf seinem Weg durch die Stationen der Psychiatrie begleiten.

Für jede Bescherung hatten wir nur zwanzig Minuten Zeit, dann mussten wir schon weiter zur nächsten. Wir wurden überall begierig erwartet. Ohne uns, den Direktor des Landeskrankenhauses für Kinder- und Jugendpsychiatrie und seinen Sohn, konnte nicht angefangen werden. Wenn wir eintrafen, waren alle Patienten der entsprechenden Station bereits in einem Zimmer versammelt. Sie hatten sich schön gemacht oder waren schön gemacht worden. Streng gescheitelte Haare und geputzte Brillengläser. Sie waren aufgeregt, wippten, warfen sich hin und her. Es wurden zwei Weihnachtslieder mit dem Pflegepersonal und den Stationsärzten gesungen, und dann wurde die große Flügeltür des Weihnachtszimmers geöffnet. Im elektrischen Kerzenschein lagen dort auf Tischen drapiert die Geschenke.

Und nun begann das, wovon ich nie genug kriegen konnte, das, was für mich jahrelang mein ganz persönlicher Weihnachtshöhepunkt war: Nach einem kurzen Innehalten, bei dem die Patienten vom Anblick des Weihnachtszimmers wie paralysiert schienen, stürzten sie sich völlig entfesselt auf die Geschenke. Zerrissen die bunten Bänder und Kordeln, goldene Schleifchen segelten durch die Luft, zerfetzten das Geschenkpapier mit den Zähnen, zerrupften die Kartons und hoben die Geschenke triumphierend in die Höhe. Und dann, keine fünf Minuten später, war fast alles kaputt. Vor Freude, vor unkontrollierbarer Glückseligkeit, vor totaler Geschenkbegierde. Kaputt!

Puppenarme wurden ausgekugelt, Stofftieren der Bauch aufgerissen. Der neue Anorak schon zerfetzt. Und mit derselben ungehemmten Begeisterung, mit der eben noch das lackrote Feuerwehrauto auf die Tischkante geschlagen wurde, wurde nun mit fassungslosem Schmerz der Trümmerhaufen beweint. In nur fünf Minuten vom besinnlichen Weihnachtszimmer zum rauchenden Trümmerfeld, das gefiel mir unglaublich gut. Überall wurde gefeiert und getrauert, sich geprügelt oder samt Geschenk gewälzt.

Die Pfleger taten ihr Bestes, verhinderten in letzter Sekunde, dass jemand den herrlichen Tannenbaum umarmte oder eine Marzipankartoffel gegen ein Fahrrad getauscht wurde.

Später am Abend bei unserer eigenen Bescherung war ich durch diese martialischen Geschenkorgien immer besonders feierlich gestimmt. Gerade Geschenke schrieen ja oft danach, genauso behandelt und zerstört zu werden. Wenn ich etwas Zerbrechliches in meine Hände nahm, z. B. einen großen Kasten mit perfekt gespitzten Buntstiften, durchströmte meine Finger stets ein Kribbeln, eine sich durch die Beschaffenheit des Geschenkes potenzierende Nervosität. Ich freute mich über die Stifte, stellte mir aber zugleich vor, sie einen nach dem anderen zu zerbrechen. Sechsunddreißig Mal von Zartrosa bis Schwarz einfach kracks!, in der Mitte durch. Etwas nicht zu zerstören war dann schon eine Leistung. Geschenktes zu verschonen, das war mein feierlicher Beitrag zum Fest.

Hatte sich die Erregung etwas gelegt, wurden die Patienten zurück in den ersten Raum gebracht, wo jetzt der Tisch gedeckt worden war. Mein Vater und ich mussten auf jeder Station ein Stück Kuchen essen, er einen Kaffee und ich eine Cola trinken. Eigentlich habe ich jedes Weihnachten gekotzt und dann die ganze Nacht von der Cola aufgeputscht mit bummerndem Herzen bis in die Morgenstunden manisch Legosteine zusammengebaut. Die Patienten stopften sich die Weihnachtsmänner mit Stanniol rein, bissen in die Apfelsinen, ohne sie zu schälen, und aßen Torte mit den Händen.

Die Bescherungen waren sehr unterschiedlich. Es gab Stationen, auf denen Menschen ohne Arme und Beine, ja ohne Gehirne vor sich hin dämmerten. Erst als ich älter war, durfte ich auch da mit. Hier war es eher still, alles blieb heil, und die Geschenke wurden den Kranken neben die verformten Köpfe aufs Kissen gelegt. Oder die Station, auf der nur vier junge Frauen waren. Während der ganzen Bescherungszeremonie ließen sie mich nicht aus den Augen, blitzten mich bedrohlich an. Die Weihnachtslieder, die sie sangen, klangen wunderschön. Sie sangen mit ihren ganzen Körpern. Wiegten sich im bemüht melodischen Flötenspiel eines Zivildienstleistenden hin und her. „Holder Knabe im lockigen Haar ..." Meinten sie mich? Ihre Augen schimmerten wie die sich in der überheizten Stationsluft mal nach links, dann wieder nach rechts drehenden Christbaumkugeln. Durch den seitlichen Schlitz ihrer Anstaltshemden hindurch sah ich die Wölbungen und Buchten ihrer nackten Körper. Auch einzelne verschorfte Stellen oder tiefe Kratzer in der hellen Haut. Sie bekamen jedes Jahr Puppen. Diese drehten sie langsam in den Händen und flüsterten ihnen Unverständliches in die Ohren.

Nachdem wir drei Stunden lang eine Bescherung nach der nächsten absolviert hatten – ich hatte neun Stücke Torte gegessen und neun Gläser Cola getrunken –, gingen wir zum Psychiatrie-Gottesdienst in die Turnhalle. Auch hier wurde bereits hin und her gewippt, dass die Stühle jauchzten. Als der Pastor die Sperrholzkanzel betrat, brach kollektiver Jubel aus. Auch später immer wieder Jubel. Im Namen des Vaters – Jubel –, im Namen des Sohnes – Jubel –, im Namen des Heiligen Geistes – Ovationen! Immer wieder stürzten einzelne Patienten zur Kanzel und warfen sich dem Pastor in die Arme. „Ihr seid", rief der Pastor durch sein viel zu laut eingestelltes Mikrofon, „ihr alle seid Gott herzlich willkommen!" Wieder tosender Applaus. Es war eine wirklich begeisterungsfähige Gemeinde. Zu den Weihnachtsliedern wurde sich untergehakt und geschunkelt oder einfach auf die Stühle geklettert, auf den Sitzflächen getanzt und geschrien. Die Turnhalle war völlig überfüllt. Selbst die Sprossenwände hingen voller Kranker. Diesen Geruch werde ich nie vergessen. Es roch nach Medizinbällen, Tannenzweigen und Spucke.

Der Glöckner saß während des Gottesdienstes still da, überragte die Menge und wartete auf ein Zeichen des Pastors. Sobald dieser ihm zunickte, erhob er sich, im Turnsaal wurde es still, und er begann zu läuten. Hoch über den Köpfen schwang er seine festlich polierten Glocken. Die direkt unter ihm saßen, hielten sich die Ohren zu und duckten sich. Das war das Zeichen: Das Krippenspiel konnte nun endlich beginnen. Es wurde von Patienten aufgeführt, jedes Jahr von einer anderen Station. Oft endete dieses Krippenspiel in einer Katastrophe. Mal bekam Maria vor Aufregung einen Anfall und stürzte zuckend in die Krippe, oder der Esel schubste den Ochsen in die Dekoration. Mal holte einer der Heiligen Drei Könige, es war Melchior, seinen Schwanz heraus und onanierte mit seiner schwarz geschminkten Hand unter dem Beifall der Menge, oder die Hirten prügelten sich mit ihren Hirtenstäben. Aber sie spielten großartig. In der Mitte stand die Krippe, ein mit Tannenzweigen geschmücktes Gitterbett, in dem ein schwerstbehinderter Jesus lag. Natürlich war die Spielweise je nach Stati-

on völlig verschieden. Da der Psychiatriegottesdienst gemeinsam mit der Erwachsenenpsychiatrie gefeiert wurde, gab es auch Krippenspiele mit für immer eingesperrten Sexualstraftätern, sogar mit Mördern, bei denen hinter jedem Hirten sprungbereit ein riesiger Pfleger stand. Und sogar einen Josef in Handschellen und die Jungfrau Maria in der Zwangsjacke habe ich gesehen.

Ein einziges Mal gab es auch in unserer Familie eine Weihnachtseskalation, einen nur wenige Sekunden andauernden gutbürgerlichen Gewaltausbruch. Dem eigentlichen Ereignis ging eine ausufernde Rede meines mittleren Bruders voraus, ausgelöst durch das eben ausgepackte Trivial-Pursuit-Spiel, in der er die Geschenkpraxis meiner Eltern anprangerte. Mein Bruder hatte sich einen Redestil angewöhnt, der vor Überheblichkeit strotzte und in seiner selbstverliebten Eloquenz reichlich nervte: „Warum schenkt ihr mir eigentlich nie das, was ich mir wünsche? Ich habe mehrmals mit Nachdruck darauf hingewiesen, dass ich dieses Jahr zu Weihnachten gerne

Bargeld bekommen hätte. Immer schenkt ihr einem Geschenke, die unterschwellig irgendeine pädagogische Absicht verfolgen. Solange ich denken kann, bekomme ich Geschenke, die mich irgendwie formen oder weiterbilden sollen. Mit Fischertechnik fing es an, um meine taktilen Fertigkeiten zu trainieren, dann immer Bücher, Bücher, Bücher!" Dabei las mein mittlerer Bruder alles, was er zwischen seine seltsam zarten Finger bekam. „Mit Schrecken erinnere ich mich daran, wie ich mir eine Eismaschine gewünscht und einen Füller bekommen habe. Ich habe von Unmengen selbst gemachtem Erdbeer- und Schokoladeneis geträumt, und dann lag da dieser Scheißfüller!"
Nach dieser Ansprache packte meine Mutter das Geschenk meines Vaters aus und traute ihren Augen nicht. „Ein elektrisches Messer. Für Fleisch und Brot", sagte mein Vater. Meine Mutter hielt wiegend ihr Geschenk in der Hand. Noch am selben Abend zerteilte sie mit diesem ratternden Messer den ungewaschenen Pansen für unseren Hund. Als mein Vater das sah, riss er ihr

das Messer aus der Hand, rannte ins Weihnachtszimmer, warf wutentbrannt seinen Gabentisch um, hinter dem die Steckdose lag, und sägte ungeschickt in den Schuber der Gesamtausgabe Adalbert Stifters hinein, die meine Mutter ihm geschenkt hatte. Die Klinge fraß sich im Karton fest, mein Vater ließ das Messer stecken und rannte schwerfällig aus dem Zimmer. Ich hatte das alles aus dem großen Ohrensessel heraus beobachtet und war begeistert. Begeistert darüber, dass mein Vater in diesem Moment genau das tat, wovon ich nur träumte.

Später versöhnten sich meine Eltern, und wir spielten alle zusammen Trivial Pursuit. Mein Vater würfelte, wusste, egal ob Erdkunde, Kultur, Unterhaltung, Geschichte oder Wissenschaft, alles, und wir anderen kamen kein einziges Mal mehr dran. Emsig sammelte er die bunten Eckchen, bis sein Spielstein komplett war, spazierte in die Mitte, beantwortete auch noch die letzte Frage, stand auf, nahm sich eine ganze Handvoll Heidesand-Plätzchen und verabschiedete sich in seinen Ohrensessel.

Glücks-Winter-Schokolade

zum Verschenken

FÜR 4 EINMACHGLÄSER À 0,3 L ODER ZWEI GROSSE GLÄSER

100 g Kakaopulver ungesüßt

2 TL Zimt

1 TL Kardamompulver

1 Msp. frisch gemahlener Pfeffer

50 g Puderzucker, gesiebt

160 g Milchschokolade, gehackt oder Schokodrops

Mini-Marshmallows als Dekoration

schönes Geschenkband

ein Zettel oder Kärtchen für die Zutaten und die Anleitung

Heiße Schoki – das pure Winterglück. Diese Mischung im Glas ist ein hübsches Geschenk und macht bestimmt einem Schokoholic eine Freude. Einfach die einzelnen Zutaten in einem hübschen Einmachglas aufeinander schichten oder alle Zutaten mischen und in das Glas füllen. Zum Schluss die Mini-Marshmallows dazugeben.

Dann einen Zettel oder ein Kärtchen mit den Zutaten und der Anleitung für die Zubereitung beschriften: „Erhitze eine Tasse Milch oder eine pflanzliche Alternative und rühre etwas von der Schokoladenmischung hinein, ganz nach deinem Geschmack. Fertig ist deine Glücks-Winter-Schokolade! Frohe Weihnachten!"

Dora Heldt

Womit habe ich das verdient?

Sobald die ersten Weihnachtsartikel in den Geschäften auftauchen, beschleicht mich eine leise Furcht. Nicht vor dem Stress der Weihnachtseinkäufe, den Festtagsplanungen oder der bevorstehenden Dauerbeschallung durch grausame Popsongs wie „Last Christmas", nein, ich bekomme Gänsehaut bei der Vorstellung, was in diesem Jahr wohl wieder auf mich zukommt. Geschenkemäßig.

Damit meine ich natürlich nicht die liebevoll ausgesuchten Dinge vom Liebsten oder von der Familie. Das wäre ja undankbar. Nein, ich meine damit die Kleinigkeiten, die ich geschenkt bekomme, weil jemand mich beim Weihnachtsshoppen vergessen hat, überraschend von mir zum Adventskaffee eingeladen wird oder einfach selbst ein unpassendes Geschenk bekommen hat, was dringend wegmuss. Aus welchen Gründen auch immer, jedes Jahr packe ich das eine oder andere Teil aus, bei dem ich mich frage, womit ich das verdient habe. Und was der oder diejenige eigentlich von mir denkt. Man kann sich zwar nicht wirklich über eine pinkfarbene Spülbürste mit putzigen Händen und Füßen aufregen, aber wenn dieselbe auch noch in Neongrün folgt, frage ich mich schon, warum man meine Geschirrspülmaschine ignoriert. Und Badesalz mit Rosenblättern in verschnörkelten Glasgefäßen und schreiend bunte Badeöle machen keinen großen Sinn, wenn es in der ganzen Wohnung keine Badewanne gibt. Dennoch stehen sie auf der Skala der unnützen Geschenke ganz oben. Genauso wie Handwärmer für die Jackentasche, falls man jeden Morgen an einer arktischen Bushaltestelle eine Stunde warten muss. Nicht ganz so schlimm, aber äußerst beliebt sind Pulswärmer. Ich besitze inzwischen vierzehn Paar, in allen Farben, von Filz über Wolle zu Stoff. Damit könne ich langweilige schwarze Strickjacken auf-

peppen, wurde mir gesagt. Das stimmt, aber jetzt habe ich definitiv genug – und möchte keine weiteren geschenkt bekommen. Genauso wenig brauche ich bunte Teelichter, weil meine die gesamte Wohnung für mehrere Wochen bei einem möglichen Stromausfall ausleuchten. Und wenn ich schon mal dabei bin: Ich habe auch genug Tassen, egal wie lustig die Bilder und Sprüche darauf sind. Ich trinke keinen Wintertee, auch nicht, wenn die praktischen Holzstäbchen mit Kandiszucker dabei sind. Mein iPhone braucht keine Filzhülle, ich habe genug Schlüsselanhänger und möchte auch weiterhin auf Stofftiere im Auto verzichten. Selbst gemachter Eierlikör ist zum Kuchenbacken zwar zu schade, aber anders werde ich ihn nicht los. Dasselbe gilt für Schnapspralinen.

Meine Theorie ist, dass im Moment schon ganze Heerscharen von Menschen unterwegs sind, um solche Dinge zu kaufen. Damit man mal was in Reserve hat. Weil die Weihnachtszeit immer so hektisch ist.

Ich werde diese Reservegeschenke wieder nicht verhindern können, da bin ich mir sicher. Aber vielleicht verschenke ich sie dieses Jahr einfach weiter. Ohne jegliche Skrupel. Das wollen wir doch mal sehen.

Entschlossene Grüße

Dora Heldt

Robert Walser

Das Christkind

Nicht glänzend ging es damals zu,
ein Kälbchen machte friedlich muh,
ein Eselchen stand an der Krippe,
beschnüffelte mit seiner Lippe
ein kleines Bündelchen von Stroh,
es gab noch keinen Bernhard Shaw,
ein Satz, womit ich illustriere
die Einfalt meiner lieben Tiere,
die man am Abhang weiden sah.
Als sei die Nacht dem Tage nah,
war's hell üb'rall in der Umgebung,
und in bezug auf die Bewegung,
die ich dem Lied hier geben will,
verhielt sich die Madonna still,
als sei sie selig; ihr Gemahl
stand im durchaus nicht prächt'gen Saal,
als habe sich hier nimmermehr
etwas ereignet, das er sehr
schwer etwa hätte nehmen müssen.
Die Hirten würden es nun grüßen,
das kindlich auf dem Schoß ihr lag,
und ich nun nichts mehr sagen mag,
weil es mir scheint, was ich berichte,
beziehe sich auf Weltgeschichte.
In engem Stalle fing die Bahn
von etwas Einflußreichem an.

Theresa Baumgärtner

FAMILIE

Gemeinsam Zeit zu verbringen, ist das wunderbarste Geschenk, das wir uns machen können.

„Und stille wird ein jedes Haus", so heißt es in einem Wintergedicht von Rainer Maria Rilke. Die leisen Töne im Dezember sind uns irgendwie abhandengekommen. Turbulent und oft sehr anstrengend sind die Wochen und Tage vor dem Weihnachtsfest. In den meisten Familien ist das so, auch bei uns. Das gemeinsame Adventswochenende in den Tiroler Bergen haben wir uns lange herbeigewünscht. Die Studienorte meiner Geschwister sind weit entfernt, deshalb sehen wir uns meist nur zu bestimmten Anlässen. Das nahende Fest ist so ein Anlass. Nicht irgendeiner, sondern für uns der schönste des Jahres.

Beim Ankommen am frühen Abend war es draußen bereits stockdunkel. Das Essen in der großen Bauernstube aus Zirbenholz dauerte nicht lange. Einer nach dem anderen zog sich mit seinem Reisegepäck in die Schlafkammer zurück, um kurz darauf in den Tiefen seines rotkarierten Federbettes zu versinken. Heute morgen bin ich die Erste, die auf den Beinen ist. Sogar unser kleiner Sohn schlummert noch fest. Ich brühe einen Kaffee auf und setze mich ans Fenster. Während der Nacht muss es erneut geschneit haben. Hier oben in den Bergen fallen die Flocken so dicht, dass sie in nur wenigen Stunden eine ganze Landschaft einnehmen können. Die hohen Tannen haben sich zu anmutigen Gestalten verwandelt. Sie tragen weiße flauschige Mäntel aus Schnee, die in der ersten Morgensonne zu funkeln beginnen. Der Wind hat die weißen Kristalle an manchen Stellen wellenförmig aufgetürmt. Ich öffne das Fenster, spüre sofort die eiskalte Luft hereinströmen und lausche hinaus. Nichts. Einfach nur Stille.

Kurz vor Mittag brechen wir zu einer Wanderung auf. Lachend schnallen wir uns die Schneeschuhe unter die Bergstiefel und stapfen los. Wir laufen ohne Gefühl für Zeit durch den tief verschneiten Wald. Adalbert Stifters Geschichte von der Suche nach dem Bergkristall fällt uns ein. So muss die Winterlandschaft ausgesehen haben.

Mit roten Wangen, erschöpft und glücklich zugleich kommen wir zurück. In der Berghütte duftet es nach geschmücktem Tannengrün und Harz. Wir zünden Kerzen an und holen das alte Räuchermännchen hervor. Weihrauch steigt aus seiner Pfeife. Ein köstlicher Duft entströmt auch dem Backofen. Knusprige Butterplätzchen liegen auf dem Blech. Zum gemeinsamen Ausstechen benutzen wir neu entdeckte Formen, aber auch die alten, schon leicht verbogenen Blechformen der Großmutter. Ihre Engel gehören an Weihnachten einfach dazu.

Draußen hat wieder Schneefall eingesetzt. Vielleicht schneien wir ein, aber nur vielleicht. Im Kamin knistert das Feuer aus Buchenholz. Wir setzen uns davor und erzählen bis spät in die Nacht. Die wunderweißen Nächte von Rilke, in den Bergen haben wir sie gefunden.

Quarkstollen

FÜR 2 STOLLEN (À 10 SCHEIBEN)

330 g Mehl

1 ½ EL Backpulver

225 g weiche Butter

60 g Zucker

1 Päckchen Vanillezucker

170 g Quark (20 % Fett i. Tr.)

1 Ei

120 g Rum-Rosinen

120 g gehackte Mandeln

100 g Puderzucker

Mehl und Backpulver mischen. 150 g Butter, Zucker und Vanillezucker mit dem Handrührgerät hellcremig rühren. Quark und Ei unterrühren. Mehlmischung hinzufügen und alles zu einem glatten Teig verkneten. Rosinen und Mandeln unterkneten. Teig in 2 Portionen teilen und jede zu einem länglichen Laib formen. Mit einem Nudelholz längs eine Mulde in die Mitte drücken und die Hälften so übereinanderklappen, dass die untere Teighälfte etwas übersteht. Die Stollen auf ein mit Backpapier belegtes Backblech legen und im Ofen bei 180° (Ober-/Unterhitze, mittlere Schiene) circa 30 Minuten backen.

Die restliche Butter in einem Topf schmelzen. Die Stollen aus dem Ofen nehmen, noch heiß mit der geschmolzenen Butter bestreichen und mit Puderzucker bestreuen.

Friedrich Hölderlin
Brief an die Mutter

kurz vor Weihnachten 1785

Liebste Mamma!

Wann dißmal mein Brief etwas verworrener ist als sonst, so müssen Sie eben denken, mein Kopf sei auch von Weihnachtsgeschäfften eingenommen, wie der Ihrige – doch differiren sie ein wenig: meine sind, ohne das heutige La-xier, Plane auf die Rede, die ich am Johannistage bei der Vesper halte, Tau-send Entwürffe zu Gedichten, die ich in denen Cessationen, (vier Wochen, wo man bloß für sich schafft) machen will, und machen muß, (NB. auch lateini-sche) ganze Paquete von Briefen, die ich, ob schon das N. Jahr wenig dazu beiträgt, schreiben muß, z. E. HE. Helffer, HE. Klemm, HE. Bilfinger, nach Al-tona, und was die Sachen als sind, und die Ihrige sind, – was sie eben sind. Was die Besuche in den Weinachten betrifft, so bin ich eher so frei, Sie hier-her einzuladen, weil mich das Geschäfft am Johannistage, wie gesagt, nicht leicht abkommen läßt. Die l. Geschwisterige werden sich wieder recht freuen; aber, im Vertrauen gesagt, mir ists halb und halb bange, wie sie von mir be-schenkt werden sollen. Ich überlasse es Ihnen, liebste Mamma, wanns ja so ein wenig unter uns beim alten bleiben soll, so ziehen Sies mir ab, und schen-kens ihnen in meinem Nahmen. Der l. Frau Grosmamma mein Compliment, und ich wolle Ihr auch ein WeinachtsGeschenk machen – – – ich wolle dem I. Gott mit rechter Christtags-Freude danken, daß er Sie mir auch dieses beyna-he vollendte Jahr wieder so gesund erhalten habe. Onerachtet meines Laxiers bin ich doch im übrigen recht wohl. Bei mir ists zwar nicht zu spät, wie bei Ihnen, doch weiß ich eben nichts mehr zu schreiben, als daß ich bin
meiner liebsten Mamma
gehorsamster Sohn

Hölderlin.

Wer würde sich über Post von dir freuen?
Entnimm die Kuverts und verschicke deine Weihnachtsgrüße!

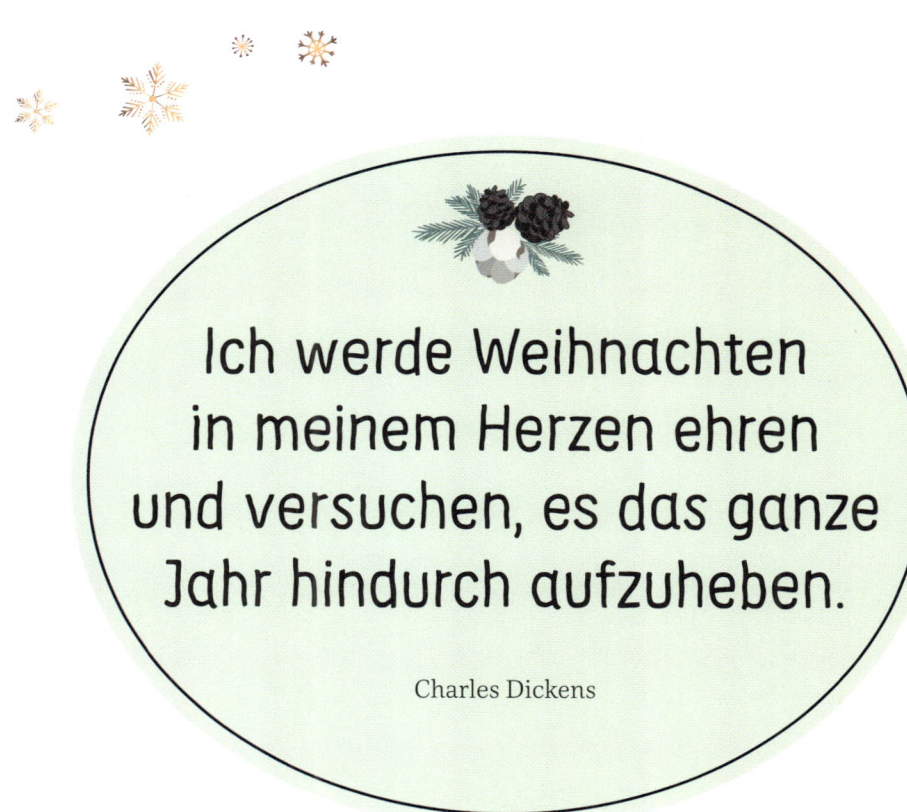

Ich werde Weihnachten
in meinem Herzen ehren
und versuchen, es das ganze
Jahr hindurch aufzuheben.

Charles Dickens

Es muss
von Herzen kommen,
was auf Herzen
wirken soll.

Johann Wolfgang von Goethe

Christine Nöstlinger

DIESMAL: LANGUSTE ODER LACHS?

Die Weihnachtswünsche der Lieben hat die Hausfrau so gut wie möglich zu erfüllen, und das gilt nicht nur für die Packerln unter dem Christbaum, das gilt auch fürs Weihnachts-Festmahl und da die Essenwünsche der Lieben so unterschiedlich wie ihre Packerl-Wünsche sind, muss die „Harmonisierung" der Gaumenfreuden ordentlich geplant werden, was kein Kinderspiel ist. So blättert der hilfreiche Ehemann im Kochbuch und sagt: „Der Lachs da, auf Blattspinat mit Parmesan-Béchamel, der wäre ideal!"

Sicher wäre er ideal! Aber leider verabscheut die eine Tochter Spinat in jeglicher Form, den Defekt hat sie seit Babytagen, und der anderen Tochter graust vor Béchamel.

So blättert der Ehemann entsagend um, hält der Ehefrau das Foto eines knusprigen Entleins unter die Nase und sagt: „Dagegen kann niemand was haben!"

„Dagegen hat mein Backrohr was!", erwidert die Ehefrau, denn für Gemahl, Töchter, Schwiegersöhne, Oma, angereiste Kusine und am 24. 12. stets zu Gast weilenden Hausfreund bräuchte es vier Entlein und die gehen ins Haushalts-Backrohr leider nicht rein.

„Dann frag halt die Kinder", sagt der Ehemann und klappt resigniert das Journal zu. „Kann ich mir sparen", sagt die Ehefrau. „Von denen höre ich doch nur, dass ihnen alles recht ist!"

„Dann kannst ja eh den Spinat-Béchamel-Lachs machen", sagt der Ehemann hoffnungsfroh.

„Das sagen sie doch nur, weil sie wissen, dass ich nie was koche, was sie nicht mögen", erklärt die Ehefrau.

„Dann koch was, von dem du weißt, dass sie's gern essen", sagt der Ehemann und schaut drein, als denke er: Auf meine Wünsche kommt es sowieso nie an! Die Ehefrau seufzt und sagt: „Die Kinder haben sich auch beim Essen total auseinander entwickelt, da gibt es außer Joghurt kaum was, was sie beide gleichermaßen mögen."

„Wie wär's mit Langusten?", fragt der Ehemann. „Einmal im Jahr kann man sich die schon leisten und die Schwiegersöhne schwärmen doch von ihnen so!"

„Dann isst aber die Oma keinen Bissen", sagt die Ehefrau.

So geht die Debatte tagelang weiter und dreht sich im Kreise, bis – wie jedes Jahr – etliche Tage vor Weihnachten die Oma anruft und sagt: „Das Kälberne für die Schnitzel habe ich wieder beim Bio-Bauern bestellt, er liefert's euch am Dreiundzwanzigsten!" Womit – wie jedes Jahr – die Debatte ums Festessen beendet ist, denn dass zu Weihnachten Schnitzel mit Erdäpfel-/Vogerlsalat zwischen Räucher-Forelle und Schoko-Roulade serviert werden, ist seit 30 Jahren klar und die geringste Abweichung erschiene allen am Tische Weilenden als unverzeihlicher Traditionsbruch.

Robert Gernhardt

DIE FALLE

Da Herr Lemm, der ein reicher Mann war, seinen beiden Kindern zum Christfest eine besondere Freude machen wollte, rief er Anfang Dezember beim Studentenwerk an und erkundigte sich, ob es stimme, daß die Organisation zum Weihnachtsfest Weihnachtsmänner vermittle. Ja, das habe seine Richtigkeit. Studenten stünden dafür bereit. 25 DM koste eine Bescherung, die Kostüme brächten die Studenten mit, die Geschenke müßte der Hausherr natürlich selbst stellen. „Versteht sich, versteht sich", sagte Herr Lemm, gab die Adresse seiner Villa in Berlin-Dahlem an und bestellte einen Weihnachtsmann für den 24. Dezember um 18 Uhr. Seine Kinder seien noch klein, und da sei es nicht gut, sie allzulange warten zu lassen. Der bestellte Weihnachtsmann kam pünktlich. Er war ein Student mit schwarzem Vollbart, unter dem Arm trug er ein Paket.

„Wollen Sie so auftreten?" fragte Herr Lemm. „Nein", antwortete der Student, „da kommt natürlich noch ein weißer Bart drüber. Kann ich mich hier irgendwo umziehen?"

Er wurde in die Küche geschickt. „Da stehen aber leckere Sachen", sagte er und deutete auf die kalten Platten, die auf dem Küchentisch standen. „Nach der Bescherung, wenn die Kinder im Bett sind, wollen noch Geschäftsfreunde meines Mannes vorbeischauen", erwiderte die Hausfrau. „Daher eilt es etwas. Könnten Sie bald anfangen?"

Der Student war schnell umgezogen. Er hatte jetzt einen roten Mantel mit roter Kapuze an und band sich einen weißen Bart um. „Und nun zu den Geschenken", sagte Herr Lemm. „Diese Sachen sind für den Jungen, Thomas", er zeigte auf ein kleines Fahrrad und andere Spielsachen –, „und das bekommt Petra, das Mädchen, ich meine die Puppe und die Sachen da drüben. Die Namen stehen jeweils drauf, da wird wohl nichts schiefgehen. Und hier ist noch ein Zettel, auf dem ein paar Unarten der Kinder notiert sind, reden Sie ihnen mal ins Gewissen, aber verängstigen Sie sie nicht, vielleicht genügt es, etwas mit der Rute zu drohen. Und versuchen Sie, die Sache möglichst rasch zu machen, weil wir noch Besuch erwarten."

Der Weihnachtsmann nickte und packte die Geschenke in den Sack. „Rufen Sie die Kinder schon ins Weihnachtszimmer, ich komme gleich nach. Und noch eine Frage. Gibt es hier ein Telefon? Ich muß jemanden anrufen."

„Auf der Diele rechts."

„Danke."

Nach einigen Minuten war dann alles soweit. Mit dem Sack über dem Rücken ging der Student auf die angelehnte Tür des Weihnachtszimmers zu. Einen Moment blieb er stehen. Er hörte die Stimme von Herrn Lemm, der gerade sagte: „Wißt ihr, wer jetzt gleich kommen wird? Ja, Petra, der Weihnachtsmann, von dem wir euch schon so viel erzählt haben. Benehmt euch schön brav ..."

Fröhlich öffnete er die Tür. Blinzelnd blieb er stehen. Er sah den brennenden Baum, die erwartungsvollen Kinder, die feierlichen Eltern. Es hatte geklappt, jetzt fiel die Falle zu. „Guten Tag, liebe Kinder", sagte er mit tiefer Stimme. „Ihr seid also Thomas und Petra. Und ihr wißt sicher, wer ich bin, oder?"

„Der Weihnachtsmann", sagte Thomas etwas ängstlich.

„Richtig. Und ich komme zu euch, weil heute Weihnachten ist. Doch bevor ich nachschaue, was ich alles in meinem Sack habe, wollen wir erst einmal ein Lied singen. Kennt ihr ‚Stille Nacht, heilige Nacht'? Ja? Also!"

Er begann mit lauter Stimme zu singen, doch mitten im Lied brach er ab. „Aber, aber, die Eltern singen ja nicht mit! Jetzt fangen wir alle noch mal von vorne an. Oder haben wir den Text etwa nicht gelernt? Wie geht denn das Lied, Herr Lemm?"

Herr Lemm blickte den Weihnachtsmann befremdet an. „Stille, Nacht, heilige Nacht, alles schläft, einer wacht ..."

Der Weihnachtsmann klopfte mit der Rute auf den Tisch:

„Einsam wacht! Weiter! Nur das traute ..."

„Nur das traute, hochheilige Paar", sagte Frau Lemm betreten, und leise fügte sie hinzu: „Holder Knabe im lockigen Haar."

„Vorsagen gilt nicht", sagte der Weihnachtsmann barsch und hob die Rute. „Wie geht es weiter?"

„Holder Knabe im lockigen …"

„Im lockigen Was?"

„Ich weiß es nicht", sagte Herr Lemm. „Aber was soll denn diese Fragerei? Sie sind hier, um …"
Seine Frau stieß ihn in die Seite, und als er die erstaunten Blicke seiner Kinder sah, verstummte Herr Lemm.

„Holder Knabe im lockigen Haar", sagte der Weihnachtsmann, „Schlaf in himmlischer Ruh, schlaf in himmlischer Ruh. Das nächste Mal lernen wir das besser. Und jetzt singen wir noch einmal miteinander: ‚Stille Nacht, heilige Nacht.'"

„Gut, Kinder", sagte er dann. „Eure Eltern können sich ein Beispiel an euch nehmen. So, jetzt geht es an die Bescherung. Wir wollen doch mal sehen, was wir hier im Sack haben. Aber Moment, hier liegt ja noch ein Zettel!" Er griff nach dem Zettel und las ihn durch.

„Stimmt das, Thomas, daß du in der Schule oft ungehorsam bist und den Lehrern widersprichst?"

„Ja", sagte Thomas kleinlaut.

„So ist es richtig", sagte der Weihnachtsmann. „Nur dumme Kinder glauben alles, was ih-

nen die Lehrer erzählen. Brav, Thomas."
Herr Lemm sah den Studenten beunruhigt an.

„Aber …", begann er. „Sei doch still", sagte seine Frau.

„Wollten Sie etwas sagen?" fragte der Weihnachtsmann Herrn Lemm mit tiefer Stimme und strich sich über den Bart.

„Nein."

„Nein, lieber Weihnachtsmann, heißt das immer noch. Aber jetzt kommen wir zu dir, Petra. Du sollst manchmal bei Tisch reden, wenn du nicht gefragt wirst, ist das wahr?"
Petra nickte. „Gut so", sagte der Weihnachtsmann. „Wer immer nur redet, wenn er gefragt wird, bringt es in diesem Leben zu nichts. Und da ihr so brave Kinder seid, sollt ihr nun auch belohnt werden. Aber bevor ich in den Sack greife, hätte ich gerne etwas zu trinken." Er blickte die Eltern an.

„Wasser?" fragte Frau Lemm.

„Nein, Whisky. Ich habe in der Küche eine Flasche ‚Chivas – Regal‘ gesehen. Wenn Sie mir davon etwas einschenken würden? Ohne Wasser, bitte, aber mit etwas Eis."

„Mein Herr!", sagte Herr Lemm, aber seine Frau war schon aus dem Zimmer. Sie kam mit einem Glas zurück, das sie dem Weihnachtsmann anbot. Er leerte es und schwieg. „Merkt euch eins, Kinder", sagte er dann. „Nicht alles, was teuer ist, ist auch gut. Dieser Whisky kostet etwa 50 DM pro Flasche. Davon müssen manche Leute einige Tage leben, und eure Eltern trinken das einfach runter. Ein Trost bleibt: der Whisky schmeckt nicht besonders."

Herr Lemm wollte etwas sagen, doch als der Weihnachtsmann die Rute hob, ließ er es. „So, jetzt geht es an die Bescherung."

Der Weihnachtsmann packte die Sachen aus und überreichte sie den Kindern. Er machte dabei kleine Scherze, doch es gab keine Zwischenfälle, Herr Lemm atmete leichter, die Kinder schauten respektvoll zum Weihnachtsmann auf, bedankten sich für jedes Geschenk und lachten, wenn er einen Scherz machte. Sie mochten ihn offensichtlich.

„Und hier habe ich noch etwas Schönes für dich, Thomas", sagte der Weihnachtsmann. „Ein Fahrrad. Steig mal drauf." Thomas strampelte, der Weihnachtsmann hielt ihn fest, gemeinsam drehten sie einige Runden im Zimmer.

„So, jetzt bedankt euch mal beim Weihnachtsmann!" rief Herr Lemm den Kindern zu. „Er muß nämlich noch viele, viele Kinder besuchen, deswegen will er jetzt leider gehen."

Thomas schaute den Weihnachtsmann enttäuscht an, da klingelte es. „Sind das schon die Gäste?" fragte die Hausfrau. „Wahrscheinlich", sagte Herr Lemm und sah den Weihnachtsmann eindringlich an. „Öffne doch."

Die Frau tat das, und ein Mann mit roter Ka-

puze und rotem Mantel, über den ein langer weißer Bart wallte, trat ein. „Ich bin Knecht Ruprecht", sagte er mit tiefer Stimme.

Währenddessen hatte Herr Lemm im Weihnachtszimmer noch einmal behauptet, daß der Weihnachtsmann jetzt leider gehen müsse. „Nun bedankt euch mal schön, Kinder", rief er, als Knecht Ruprecht ins Zimmer trat. Hinter ihm kam Frau Lemm und schaute ihren Mann achselzuckend an.

„Da ist ja mein Freund Knecht Ruprecht", sagte der Weihnachtsmann fröhlich.

„So ist es", erwiderte dieser. „Da drauß' vom Walde komm ich her, ich muß euch sagen, es weihnachtet sehr. Und jetzt hätte ich gerne etwas zu essen."

„Wundert euch nicht", sagte der Weihnachtsmann zu den Kindern gewandt. „Ein Weihnachtsmann allein könnte nie all die Kinder bescheren, die es auf der Welt gibt. Deswegen habe ich Freunde, die mir dabei helfen: Knecht Ruprecht, den heiligen Nikolaus und noch viele andere ..."

Es klingelte wieder. Die Hausfrau blickte Herrn Lemm an, der so verwirrt war, daß er mit dem Kopf nickte; sie ging zur Tür und öffnete. Vor der Tür stand ein dritter Weihnachtsmann, der ohne Zögern eintrat. „Puh", sagte er. „Diese Kälte! Hier ist es beinahe so kalt wie am Nordpol, wo ich zu Hause bin!"

Mit diesen Worten betrat er das Weihnachtszimmer. „Ich bin Sankt Nikolaus", fügte er hinzu, „und ich freue mich immer, wenn ich brave Kinder sehe. Das sind sie doch – oder?"

„Sie sind sehr brav", sagte der Weihnachtsmann. „Nur die Eltern gehorchen nicht immer, denn sonst hätten sie schon längst eine von den kalten Platten und etwas zu trinken gebracht."

„Verschwinden Sie!" flüsterte Herr Lemm in das Ohr des Studenten.

„Sagen Sie das doch so laut, daß Ihre Kinder es auch hören können", antwortete der Weihnachtsmann.

„Ihr gehört jetzt ins Bett", sagte Herr Lemm.

„Nein", brüllten die Kinder und klammerten sich an den Mantel des Weihnachtsmannes.

„Hunger", sagte Sankt Nikolaus.

Die Frau holte ein Tablett. Die Weihnachtsmänner begannen zu essen.

„In der Küche steht Whisky", sagte der erste, und als Frau Lemm sich nicht rührte, machte sich Knecht Ruprecht auf den Weg. Herr Lemm lief hinter ihm her. In der Diele stellte er den Knecht Ruprecht, der mit einer Flasche und einigen Gläsern das Weihnachtszimmer betreten wollte.

„Lassen Sie die Hände von meinem Whisky!"

„Thomas!" rief Knecht Ruprecht laut, und schon kam der Junge auf seinem Fahrrad angestrampelt. Erwartungsvoll blickte er Vater und Weihnachtsmann an.

„Mein Gott, mein Gott", sagte Herr Lemm, doch er ließ Knecht Ruprecht vorbei.

„Tu was dagegen", sagte seine Frau. „Das ist ja furchtbar. Tu was!"

„Was soll ich tun?" fragte er, da klingelte es.

„Das werden die Gäste sein!"

„Und wenn sie es nicht sind?"

„Dann hole ich die Polizei!"

Herr Lemm öffnete. Ein junger Mann trat ein. Auch er hatte einen Wattebart im Gesicht, trug jedoch keinen roten Mantel, sondern einen weißen Umhang, an dem er zwei Flügel aus Pappe befestigt hatte. Der Weihnachtsmann, der auf die Diele getreten war, als er das Klingeln gehört hatte, schwieg wie die anderen. Hinter ihm schauten die Kinder, Knecht Ruprecht und Sankt Nikolaus auf den Gast.

„Grüß Gott, lieber ...", sagte Knecht Ruprecht schließlich. „Lieber Engel Gabriel", ergänzte der Bärtige verlegen. „Ich komme, um hier nachzuschauen, ob auch alle Kinder artig sind. Ich bin nämlich einer von den Engeln auf dem Felde, die den Hirten damals die Geburt des Jesuskindes angekündigt haben. Ihr kennt doch die Geschichte, oder?"

Die Kinder nickten, und der Engel ging etwas befangen ins Weihnachtszimmer. Zwei Weihnachtsmänner folgten ihm, den dritten, es war jener, der als erster gekommen war, hielt Herr Lemm fest. „Was soll denn der Unfug?" fragte er mit einer Stimme, die etwas zitterte. Der Weihnachtsmann zuckte mit den Schultern. „Ich begreif es auch nicht, warum er so antanzt. Ich habe ihm ausdrücklich gesagt, er solle als Weihnachtsmann kommen, aber wahrscheinlich konnte er keinen roten Mantel auftreiben."

„Sie werden jetzt alle schleunigst hier verschwinden", sagte Herr Lemm.

„Schmeißen Sie uns doch raus", erwiderte der Weihnachtsmann und zeigte ins Weihnachtszimmer. Dort saß der Engel, aß Schnittchen und erzählte Thomas davon, wie es im Himmel aussah. Die Weihnachtsmänner tranken und brachten Petra ein Lied bei, das mit den Worten begann: „Nun danket alle Gott, die Schule ist bankrott."

„Wieviel verlangen Sie?" fragte Herr Lemm. „Wofür?"

„Für Ihr Verschwinden. Ich erwarte bald Gäste, das wissen Sie doch."

„Ja, das könnte peinlich werden, wenn Ihre Gäste hier hereinplatzen würden. Was ist Ihnen denn die Sache wert?"

„Hundert Mark", sagte der Hausherr. Der Weihnachtsmann lachte und ging ins Zimmer. „Holt mal eure Eltern", sagte er zu Petra und Thomas. „Engel Gabriel will uns noch die Weihnachtsgeschichte erzählen."

Die Kinder liefen auf die Diele. „Kommt", schrien sie, „Engel Gabriel will uns was erzählen." Herr Lemm sah seine Frau an.

„Halt mir die Kinder etwas vom Leibe", flüsterte er, „ich rufe jetzt die Polizei an!" „Tu es nicht", bat sie, „denk doch daran, was in den Kindern vorgehen muß, wenn Polizisten …" „Das ist mir jetzt völlig egal", unterbrach Herr Lemm. „Ich tu's."

„Kommt doch", riefen die Kinder. Herr Lemm hob den Hörer ab und wählte. Die Kinder kamen neugierig näher. „Hier Lemm", flüsterte er. „Lemm, Berlin-Dahlem. Bitte schicken Sie ein Überfallkommando." „Sprechen Sie bitte lauter", sagte der Polizeibeamte. „Ich kann nicht lauter sprechen wegen der Kinder. Hier, bei mir zu Haus, sind drei Weihnachtsmänner und ein Engel und die gehen nicht weg …" Frau Lemm hatte versucht, die Kinder wegzuscheuchen, es war ihr nicht gelungen. Petra und Thomas standen neben ihrem Vater und schauten ihn an. Herr Lemm verstummte. „Was ist mit den Weihnachtsmännern?" fragte der Beamte, doch Herr Lemm schwieg weiter.

„Fröhliche Weihnachten", sagte der Beamte und hängte auf. Da erst wurde Herrn Lemm klar, wie verzweifelt seine Lage war. „Komm, Papi", riefen die Kinder, „Engel Gabriel will anfangen." Sie zogen ihn ins Weihnachtszimmer.

„Zweihundertfünfzig", sagte er leise zum Weihnachtsmann, der auf der Couch saß.

„Pst", antwortete der und zeigte auf den Engel, der „Es begab sich aber zu der Zeit", sagte und langsam fortfuhr.

„Dreihundert."

Als der Engel begann, den Kindern zu erklären, was der Satz „Und die war schwanger", bedeute, sagte Herr Lemm „Vierhundert", und der Weihnachtsmann nickte.

„Jetzt müssen wir leider gehen, liebe Kinder. Seid hübsch brav, widersprecht euren Lehrern, wo es geht, und redet, ohne gefragt zu werden. Versprecht ihr mir das?"

Die Kinder versprachen es, und nacheinander verließen der Weihnachtsmann, Knecht Ruprecht, Sankt Nikolaus und der Engel Gabriel das Haus. „Ich fand es nicht richtig, daß du Geld genommen hast", sagte Knecht Ruprecht auf der Straße.

„Leute, die sich Weihnachtsmänner mieten, sollen auch dafür zahlen", meinte Engel Gabriel.

„Aber nicht so viel."

„Wieso nicht? Alles wird heutzutage teurer, auch das Bescheren."

„Expropriation der Expropriateure", sagte der Weihnachtsmann.

„Richtig", sagte Sankt Nikolaus. „Wo steht geschrieben, daß der Weihnachtsmann immer nur etwas bringt? Manchmal holt er auch was."

„In einer Gesellschaft, deren Losung ‚Hastuwasbistuwas' heißt, kann auch der Weihnachtsmann nicht sauber bleiben", sagte Engel Gabriel.

„Es ist kalt", sagte der Weihnachtsmann.

„Vielleicht sollten wir das Geld einem wohltätigen Zweck zur Verfügung stellen", schlug Knecht Ruprecht vor.

„Erst einmal sollten wir eine Kneipe finden, die noch auf hat", sagte der Weihnachtsmann. Sie fanden eine, setzten sich und spendierten eine Lokalrunde, bevor sie weiter beratschlagten.

Joachim Ringelnatz

Weihnachten

Liebeläutend zieht durch Kerzenhelle,
mild, wie Wälderduft, die Weihnachtszeit,
und ein schlichtes Glück streut auf die Schwelle
schöne Blumen der Vergangenheit.
Hand schmiegt sich an Hand im engen Kreise,
und das alte Lied von Gott und Christ
bebt durch Seelen und verkündet leise,
dass die kleinste Welt die größte ist.

LITERATURNACHWEIS

Alfons Schweiggert: Die Geschichte vom winzigen Tannenbaum © beim Autor Alfons Schweiggert, München

Matt Haig: Der Zauber des Schenkens, aus: Matt Haig, Ein Junge namens Weihnacht, dtv Verlagsgesellschaft mbH & Co. KG München, 2021, mit freundlicher Genehmigung von dtv Verlagsgesellschaft mbH & Co. KG

Christa Spilling-Nöker: Als der Barbarazweig erblühte, aus: Christa Spilling-Nöker, Weihnachtsglanz erhellt dein Herz © 2017 Verlag Herder GmbH, Freiburg i. Br.

Mascha Kaléko: Der Winter, aus: Träume, die auf Reisen führen: Gedichte für Kinder, Autor/Herausgeber: Kaléko, Mascha / Illustriert von Müller, Hildegard; Herausgegeben von Prokop, Eva-Maria, Deutscher Taschenbuch-Verlag, München, 2016 mit freundlicher Genehmigung von dtv Verlagsgesellschaft mbH & Co. KG

James Krüss: Tannengeflüster, aus: James Krüss, Der wohltemperierte Leierkasten © 1989 cbj Verlag, München, in der Penguin Random House Verlagsgruppe GmbH

Dora Heldt: Weihnachten wie früher, aus: Dora Heldt: Jetzt mal unter uns ... Das Geheimnis schwarzer Strickjacken und andere ganz wichtige Erkenntnisse, dtv München, 2014, mit freundlicher Genehmigung von dtv Verlagsgesellschaft mbH & Co. KG

Wladimir Kaminer: Das Christkind retten, aus: Wladimir Kaminer, Meine Mutter, ihre Katze und der Staubsauger © 2016 Manhattan Verlag, München, in der Penguin Random House Verlagsgruppe GmbH

Alexa Hennig von Lange: Die Weihnachtsgeschwister, aus: Alexa Hennig von Lange, „Die Weihnachtsgeschwister" © 2019 DuMont Buchverlag, Köln, S. 139–143

Stefan Andres: Dörfliche Moselweihnacht, mit freundlicher Genehmigung der Erbengemeinschaft Stefan Andres

Aus Nanettes Backbuch: Weihnachtszeit / Vanillemürbchen, aus: Nanettes Backbuch. Die gesammelten Rezepte einer Landbäuerin © 2020 by ars vivendi verlag GmbH & Co. KG, Cadolzburg

Marian Keyes: Das Gute an Weihnachten, aus: Marian Keyes, Bin nur schnell Schuhe kaufen ... ... komme wieder, wenn das Wichtige vorbei ist © 2017 Wilhelm Heyne Verlag, München, in der Penguin Random House Verlagsgruppe GmbH, Übersetzung: Susanne Höbel

Hanns Dieter Hüsch: Die Bescherung, aus: Hanns Dieter Hüsch/Marc Chagall, „Das kleine Weihnachtsbuch", Seite 20ff, 2020/22 © tvd-Verlag Düsseldorf, 1997

Erich Kästner: Sechsundvierzig Heiligabende, aus: Erich Kästner: Der heilige Kram © Atrium Verlag, Zürich 1948 und Thomas Kästner

Idee und Konzept: GROH Verlag. Das Werk einschließlich seiner Teile ist urheberrechtlich geschützt. Jede Verwertung außerhalb der engen Grenzen des Urheberrechtsgesetzes ist ohne Zustimmung des Verlages unzulässig und strafbar. Das gilt insbesondere für Kopien, Einspeicherung und Verarbeitung in elektronischen Systemen.

Textnachweis: Wir danken allen Autoren bzw. deren Erben, die uns freundlicherweise die Erlaubnis zum Abdruck von Texten erteilt haben. Textauswahl: Susanne Lieb, www.lieb-schafft.com

Bildnachweis: Illustrationen Umschlag, Innenteil und Papeterie-Extras:
elenak_arch_des/Shutterstock.com; Saltoli/Shutterstock.com; TabitaZn/Shutterstock.com; Ksenia Lokko/Shutterstock.com; Tartila/Shutterstock.com; Liliana Danila/Shutterstock.com; Olga_Selyutina/Shutterstock.com; vadimmmus/Shutterstock.com; stock.adobe.com/saltoli;
Fotos: S. 19: VIGO-S/Shutterstock.com; S. 23: stock.adobe.com/Susiwe; S. 24: stock.adobe.com/kishivan; S. 34: stock.adobe.com/ChristArt; S. 37: Anna Lohachova/Shutterstock.com; S. 52: Christian Jung/Shutterstock.com; S. 57: Kolpakova Svetlana/Shutterstock.com; S. 61: Dieter Kuhn/Shutterstock.com; S. 73: Natalia Greeske/Shutterstock.com; S. 77: stock.adobe.com/Patrick Daxenbichler; S. 87: BlueberryJam/Shutterstock.com; S. 94: ORION PRODUCTION/Shutterstock.com; S. 97: stock.adobe.com/Luca; S. 102: stock.adobe.com/sunnychicka; S. 103: ecaterina corovina/Shutterstock.com; S. 109: Juliya Shangarey/Shutterstock.com; S. 117: sabrisy/Shutterstock.com; S. 125: Natasha Breen/Shutterstock.com; S. 126: Nataliia Melnychuk/Shutterstock.com.

Layout: Christin Bussemas, Ampersand loves

Gesamtherstellung: Leo Paper Products Ltd, Hongkong, China

Aus Verantwortung für die Umwelt hat sich die Verlagsgruppe Droemer Knaur zu einer nachhaltigen Buchproduktion verpflichtet. Der bewusste Umgang mit unseren Ressourcen, der Schutz unseres Klimas und der Natur gehören zu unseren obersten Unternehmenszielen.

Gemeinsam mit unseren Partnern und Lieferanten setzen wir uns für eine klimaneutrale Buchproduktion ein, die den Erwerb von Klimazertifikaten zur Kompensation des CO$_2$-Ausstoßes einschließt.

Weitere Informationen finden Sie unter:
www.klimaneutralerverlag.de

Lichterschein & Tannenduft
GTIN 978-3-8485-0121-2
© 2022 Groh Verlag. Ein Imprint der Verlagsgruppe
Droemer Knaur GmbH & Co. KG, München
www.geschenkverlage.de

Für

Von

Fröhliche Weihnachten

Frohe Weihnachten

Merry Christmas

Für

Von

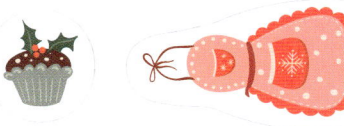

Für

Von